FIFA WORLD CUP
Brasil
国际足联中国唯一合作平面媒体
体坛周报

1934年6月7日，德国队与奥地利队在季军争夺战中相遇，结果德国队3比2战胜对手。图为德国队和奥地利队两队长在裁判员主持下掷币挑边。

1938年世界杯笼罩在战争阴云之下，德国队球员在对瑞士队的比赛前行纳粹举手礼，足球场成为希特勒进行纳粹宣传的场所。

从某种意义上讲，1954年世界杯决赛是西德队长弗里茨·瓦尔特（左二）与匈牙利巨星费伦茨·普斯卡什（右二）个人之间的较量。

西德前锋拉恩射门，匈牙利门将格罗希奇（Gyula Grosics）鞭长莫及，西德队最终以3比2的比分首次夺得世界杯。

从废墟中重建的西德队球员们在不经意间创造了"伯尔尼奇迹"，这一成就对西德足球以及西德的东山再起起到了不可估量的作用。

夺冠之后，西德队长弗里茨·瓦尔特和主教练塞普·赫尔贝格（Sepp Herberger）在转瞬间就成为西德新的民族英雄。

1958

西德队长汉斯·沙费尔（右）在1958年世界杯半决赛中向瑞典队长尼尔斯·利德霍尔姆（Nils Liedholm）挑战，结果以西德队失败告终。

1962

西德队在1962年世界杯1/4决赛中0比1不敌南斯拉夫队，这次失利加速了德国足球职业化改革，并促进了德国足球联赛的开创。

1966

世界杯历史上最著名的"温布利进球"又名"第三球"，它实际上是1966年世界杯决赛中的第5个进球。尽管关于这个"进球"的争议一直延续到现在，但现实却是，瑞士主裁判丁斯特（Gottfried DIENST）说它进了，那它就是进了。

1970

意大利队长法切蒂（Giacinto Facchetti）与西德队长乌韦·席勒（Uwe Seeler）在1970年世界杯半决赛前先礼后兵。

弗朗茨·贝肯鲍尔在比赛中肩膀脱臼，但仍旧带伤坚持，他的受伤严重影响了西德队的球员的士气和战斗力，最终3比4败北。

盖德·穆勒（右）在1974年世界杯决赛中攻入制胜一球，帮助西德队在主场2比1战胜强大的荷兰队，赢得第二座冠军奖杯。

西德队长弗朗茨·贝肯鲍尔与主教练赫尔穆特·舍恩在西德队中都是说一不二的人物，贝肯鲍尔的权威甚至还要大一些。

1978

尽管西德队前锋鲁梅尼格（白衣者）在对阵奥地利队时首开纪录，但最终结果却是卫冕冠军2比3不敌对手，无缘四强。

负于奥地利队后，雷纳·邦霍夫（Rainer Bonhof）和罗尔夫·吕斯曼（Rolf Ruessmann）痛不欲生，西德队梦碎阿根廷队。

1982

这可以算是世界杯历史上最丑陋的一幕，刚刚被换上场10分钟的法国队球员巴蒂斯通（Patrick Battiston）单刀直入向着西德队的球门跑去，却被蓄势待发的托尼·舒马赫（Harald SCHUMACHER）以每小时超过50千米的速度撞倒，碰掉三颗牙齿。

1986年墨西哥世界杯决赛，鲁梅尼格在西德队0比2落后的情况下，奇袭成功，扳回一城，顿时让球队军心大振。

……短短7分钟后，鲁迪·沃勒尔捡漏攻门得分，将比分扳成2比2，乐极生悲，3分钟后西德队的后防被布鲁查加偷袭。

1990年世界杯1/8决赛，鲁迪·沃勒尔与荷兰后卫弗兰克·里杰卡尔德发生冲突，被后者吐痰侮辱，不得不向裁判告状。

……两人被同时罚下场时，愤怒的里杰卡尔德再次向沃勒尔吐口水，这一回却被摄影师赫尔曼（Martina Hellmann）拍下，留作证据。

1990

离决赛结束还有5分钟时，西德后卫安德烈斯·布雷默（Andreas Brehme）罚进一记点球，帮助球队1比0力克阿根廷队。

西德队在意大利的土地上夺得他们的第三座世界杯。当然，这也是贝肯鲍尔的第二座奖杯，但此次夺冠的身份却是主教练。

这是两德在国家统一后首次征战世界杯，结果却在八强战中被保加利亚队击败，保加利亚队前锋斯托伊奇科夫任意球破门，德国队球员无可奈何。

克罗地亚前锋达沃·苏克（左）让已经37岁的洛塔尔·马特乌斯（右）梦碎法兰西，让后者的世界杯出场纪录停留在25场。

2002年世界杯决赛之前6场比赛，德国队门将卡恩仅失一球，但决赛时却两度被巴西队前锋罗纳尔多攻破球门，令人遗憾。

德国队在决赛中失利，很大程度上是因为门将卡恩手指受伤以及中场组织者巴拉克累积黄牌无法出场。

德国队门将莱曼未能阻拦意大利后卫格罗索突施冷箭，东道主在半决赛中遗憾出局。

德国队未能在本土晋级决赛，但他们富有朝气的表现得到了东道主球迷的肯定。

德国队在2010年世界杯上来势汹汹，却也有过阴沟翻船，如小组赛0比1负于塞尔维亚队。半决赛中，他们被西班牙队后卫普约尔偷袭得分。

勒夫（Joachim Loew）从克林斯曼手中接过教鞭后一直运气不佳，获得一次亚军（2008欧洲杯）和两次第三名（2010年世界杯和2012年欧洲杯）。

THE WORLD CUP HISTORY
OF GERMANY

世界杯
冠军志之 德国

体坛传媒◎编著

执笔记者：王怨

西南财经大学出版社
Southwestern University of Finance & Economics Press

推荐序一

只有足球可以

张　斌

　　我们大多数人没有能力追赶时间，只是被时间推着向前而已。四年，要多快有多快，又是一届世界杯即将开赛了。我脑海中不断有一个场景蹦跳出来——清晨，巴黎街头，我快速地奔向国际电视报道中心，还有个片子等着我去编辑。这就是1998年法国世界杯期间我的工作。当时几乎每一天都是这么过去的。对了，还有一个场景——2010年南非世界杯期间，在中央电视台的世界杯系列节目《豪门盛宴》的演播室中，同事告诉我，阿根廷队和德国队比赛的那一晚，北京长安街上的车格外少。大约半个月之后，我们拿到的收视材料显示，那一晚进行的阿根廷队与德国队的比赛是南非世界杯在中国大陆地区收视率最高的一场比赛，而且比赛开始的时间为北京时间22：00，时间好得不能再好了。

每当这时，就会有很多记忆的碎片被我在脑海中拼凑起来。但总执拗怀旧不是事，会让人嬉笑为老人家的。可是，世界杯不就是不停地怀旧嘛，谁是冠军一定那么重要吗？我们要的不就是传奇嘛。

国际足联说，在南非世界杯期间，全世界最少有60亿人次坐在电视机前老老实实地看了比赛，国际奥委会也会有类似的数据证明奥运会的收视率之高。其实，世界杯与奥运会，不必争个高下，两者是完全不同的庆典。但是，足球作为一项运动很有必要与同类不断比肩，那么，足球这个"第一运动"的称号还有意义吗？闷头发展挣大钱不就成了吗？"第一"的称号其实啥也换不来，不过是我等热爱足球的人的心理感受罢了。这一刻我想起了前皇家马德里俱乐部主帅穆里尼奥的最新格言——"足球，就是人类情感的总和。"

我的这篇推荐序的题目一定会遭到其他运动热爱者的不屑，"只有足球可以"，到底可以什么？坦白讲，我并非回答这个问题的最佳人选。但我知道，世界杯是唯一可以搅动世界，让其在一个月之中为之持续沸腾的比赛。看着欧洲冠军杯比赛深夜里的欢腾，我一直在比对其与世界杯的异同，我依然不是回答这个问题的最佳人选，但我知道那份强大的情感关联的存在感。

读书，不是件容易的事情。太多的书，需要我们去选择。我羡慕《体坛周报》的世界杯系列图书的出版，更羡慕他们旗下那些分布在世界各地的足球观察者们，他们身处异乡，在那里足球已是国家、民族的精神血脉。我很少在江湖走动，见识渐少，行万里路的想法总被自己牵绊。我买过英国人写的几个版本的世界杯史话，文字密密麻麻，有些排版很古典，但是坚持每四年更新版本，我想那几乎是英国足球迷们的国民读物了吧。

我期待着，《世界杯冠军志》未来也能有此功效。此书尚不得见，期待它很扎实、很精美，让我们随时可以从某一页翻起就进入一段历史岁月。谢谢所有作者，安静地写段历史，该是很有意思的，你们如若满意了，我们读起来就会饶有兴趣的。在这个夏天，足球也可以让我们重新找回阅读的快乐和冲动，谢谢世界杯。

（本文作者系中央电视台赛事频道编辑部主任）

推荐序二

没有什么比足球更美妙

米　卢

足球世界里最盛大的表演即将在最了不起的足球王国巴西上演。对足球迷而言，没有什么比这更美好了！

相信许多人都知道，我和世界杯有着特殊的缘分，从1986年到2002年，我曾经率领5支不同的球队征战过世界杯，12年前与中国男足一起出征韩国西归浦，这些始终都是我生命中最难忘的回忆。

中国人讲究12年一个轮回，12年过去了，或许中国国家队没有再能获得更多的机会，我本人和世界杯的缘分也没有续写新的篇章，但中国球迷对世界杯的热爱却与日俱增，而作为我和球迷共同的老朋友——《体坛周报》，也始终战斗在世界杯报道的前沿阵地。

在巴西世界杯的舞台上，所有8支曾经成功捧杯的球队都将悉数亮相，豪门对决，快意恩仇。《体坛周报》的朋友告诉我，他们将借此机会推出一套冠军丛书，向所有中国球迷讲述属于冠军们的故事。在我看来，对所有中国球迷而言，这都将是一份意义非凡的礼物，它不仅讲述了许多鲜为人知的精彩故事，更揭示了属于胜利者的成功秘诀。

在我看来，这个世界上没有什么比足球更美妙的东西了；生活中，也没有什么比享受足球更重要的事了。打开这本书看到这段话的中国球迷们，你们即将欣赏到足球世界里最激动人心的传奇故事。

（本文作者系著名足球教练）

推荐序三

《体坛周报》与世界杯同成长

张敦南

世界杯这项世界上最盛大的足球赛事见证了《体坛周报》的成长。

《体坛周报》创刊于1988年，迄今逾1/4个世纪，无论在国际还是国内，这个历史都不算太久。1998年，第16届世界杯，《体坛周报》才第一次派出记者现场采访，团队规模为3人。2002年世界杯，欣逢中国队历史性出线，《体坛周报》特派记者组骤增至20余人，《体坛周报》也第一次在大赛期间出版日报，并为此广招人才，他们中很多人日后成了《体坛周报》的精英骨干。

虽然中国队此后再未出线，但《体坛周报》的世界杯报道继续升级。2006年，《体坛周报》第一次在世界杯报道中采取"跟队"战术，每支强队都有特派记者全程追踪。2010年，大批外国特约记者加入《体坛周报》报道团队，奉献了"梅西过生日"等独家图文报道。

正是在与国际媒体"同场竞技"的过程中，《体坛周报》迅速成长起来。如今，《体坛周报》是国际足联及世界杯的官方合作伙伴，是法国《队报》等世界知名体育报的版权合作媒体，拥有国际足联金球奖的中国媒体唯一投票权，是"金足奖"评委会成员，2013年还创立了"亚洲金球奖"评选活动。

通过多年建立的关系网，《体坛周报》在国际足球领域做出了真正的独家新闻，如2003年全球首发"贝克汉姆将加盟皇马"等新闻。《体坛周报》的影响力也与日俱增，2012年欧洲杯期间，德国足协少有地安排国脚专访，当时只让三家国际媒体到场，除了法国《队报》和意大利《米兰体育报》，还有就是《体坛周报》。

值此2014年世界杯临近之际，《体坛周报》与西南财经大学出版社、北京亨通堂文化传播有限公司携手推出《世界杯冠军志》系列图书，尽述世界杯七大冠军之风云，实乃盛事一桩。《体坛周报》的国际足球报道团队从业时间几乎都在十年以上，亲身经历过无数场比赛、无数次采访，他们为世界杯冠军立传，定能提供独到视角。

撰写阿根廷卷的程征是《体坛周报》最资深的国际足球记者。1986年世界杯，他曾现场见证了马拉多纳的"上帝之手"和"连过五人"。他和巴西卷作者小中，都是中国现在仅有的阿根廷足球和巴西足球专职记者。

赵威（法国）、彭雷（意大利）、梁宏业（西班牙）、王恕（德国）都是常年旅居欧洲的《体坛周报》记者。每个人的写法都有独到之处，赵威在述史中融入了他对当事人的采访；彭雷的意大利卷集合了各种趣事，绝对让你大开眼界；梁宏业没有拘泥于历史记录，而是将西班牙队、西班牙足球和皇马巴萨的前世今生联系起来；王恕的德国卷重点描述了一些幕后故事，如1974年世界杯上所谓的"贝肯鲍尔夺权"等。

如此系统、深入地梳理世界杯历史，在中国是破天荒之举。看了作者们的书稿，我才发现，很多熟知的"历史"不尽不实。例如1950年美国队1比0胜英格兰队，堪称世界杯史上最大冷门，事后出现了很多嘲笑英格兰队的报道，流传至今。本报驻伦敦记者刘川特地泡在大英图书馆查资料，发现很多"轶事"只是段子。对于想洞察历史真相的足球迷来说，这套书不容错过。

向辛苦写书的同事们致敬，向所有读者致敬。

祝享受世界杯、享受足球！

（本文作者系体坛传媒集团董事长）

推荐序四

致青春

沈威风

关于足球，关于德国队，似乎已经离我很遥远了，再回忆起它，于我而言，就是再次回忆起那些终将逝去的青春。

是的，足球是纠缠在我的青春里的字眼。而在我热爱足球的岁月里，我只爱德国队，直至今日——一年有限的看足球比赛的日子里，我仍然固执地选择德国队，或者拜仁俱乐部。

为什么？其实我也问过自己，为什么是德国队？

我最开始知道足球是在某年世界杯决赛。为了看那次世界杯决赛，爸爸把电视机搬到了客厅，半夜他自己看了比赛，喝了一瓶啤酒，然后第二天告诉我世界上有一个叫马拉多纳的人，踢球很厉害。

我知道中国最早引入的职业联赛电视转播是意甲。记得在我上高中时，有一次班级联欢会上，有一道题目是说出5个意甲队伍的名字，我举了手并且答对了。从此，我很受男生的欢迎，虽然那时候还没有"女神"这个称呼。

我必须承认，我印象最深的一场比赛是那年的世界杯，英格兰队和阿根廷队这一对"老仇家"相遇，18岁的小将欧文横空出世，连过四人并最终将球送进球门。从此，我周围的朋友都知道我喜欢欧文，为他欣喜，为他扼腕叹息，为他怅然若失。

我大学毕业之后去了广州。在那个人人看英超的城市里，我渐渐习惯了英国队那说好听了是粗放、说难听了是粗糙的足球技术，养成了恶俗的审美观念，就喜欢看滑溜溜的草皮和飞来飞去的皮球，更因为我半懂不懂的粤语闹过不少笑话。那时候就知道周末可以跟一帮朋友去酒吧看球，看ESPN①的解说。当时，我兴奋地说，我听懂这句了"身高没白高"，全场哄然大笑，因为人家说的是身高一米八……

①ESPN，全称为Entertainment and Sports Programming Network，即娱乐与体育节目电视网。它是一家24小时专门播放体育节目的美国有线电视联播网，是当今世界最著名的体育电视网。

但是，我自己知道，我最爱的还是德国队。我唯一爱的，只有德国队。

不是因为马特乌斯，他不是很帅。不是因为克林斯曼，他曾经挺帅。不是因为比埃尔霍夫，像他这种只会头球的哥们即便智商超群也不能入我法眼。不是因为卡恩，我住过的一个小资小区里面，楼上曾经住了一条名叫卡恩的金毛狗，和他一样有气势又有个性。也不是因为勒夫，虽然没有人会否认他的帅惊动了全世界。还有巴拉克、还有穆勒、还有小猪……不，和他们没有关系。

爱，不需要理由。即便我现在很少看比赛，即便现在整个德国队我叫不出三个球员的名字，但我仍然会支持它。在所有国际比赛里，即便我没有说出口，即便我在足球彩票上默默买了对家，我在心里仍然默默地希望德国队能够取得胜利。

年少的时候，我喜欢这样大开大合的风格，长传冲吊全队配合，每一个人都在发挥他应尽的作用。现在，我更欣赏无数次经历世事沧桑之后仍然能屹立的毅力和精神。那一年，世界杯第三、四名决赛之后冲天而起的烟花，是一种更令我感动的情感——只有经历过高峰，才知道触底反弹需要更大勇气，只有经历过风生水起才知道在困境仍然坚信自己能够做到最好才最难能可贵。所以，这一切已经无关足球了。

足球以及它所代表的激情和冲动，会充斥在每一个人的青春岁月里。但是在成长之中，我们才会慢慢理解，原来我们曾经爱过的，是那么值得。

（本文作者系财经作家、移动互联网从业人员）

前　言

　　提起德国，人们总是会想起啤酒、汽车和足球。不过，就连德国人都很沮丧地发现，很多德国的啤酒和汽车品牌被外资收购了，只有德国足球依然忠实地伴随着德国人，并成为他们日常生活中不可或缺的组成部分。

　　提到德国足球，人们总是想起德国队和德国足球甲级联赛。事实上，他们都只是德国足球金字塔的最上层建筑。德国足球联赛总共分13个级别，每个周末，几乎在每块绿茵场上，都有球队在相互厮杀。据德国奥林匹克委员会统计，德国共有大大小小91000多家各种体育俱乐部，而足球俱乐部达27000多家，注册球队达178000多支。足球是德国人的第一运动，德国人口有8000多万，而在德国足协注册的球员已多达600万人。

德国队是世界上最成功的国家足球队之一，曾经在1954年、1974年和1990年三次夺得世界杯冠军，是继巴西和意大利后夺得世界杯次数最多的球队。从1954年开始，德国就从未再缺席过世界杯决赛阶段的比赛。在欧洲战场，德国队同样战绩彪炳，曾于1972年、1980年和1996年三次称雄。德国女足巾帼不让须眉，曾于2003年和2007年连续两次夺得女足世界杯冠军，成为女足世界杯历史上首支卫冕冠军。德国是世界上唯一一个男足和女足都夺得过世界杯和欧洲杯冠军的国家。

与欧洲其他国家的足球文化不同，德国球迷更喜欢到现场看球，到现场去支持球队的比赛。欧洲足联数据显示，2012—2013赛季，德国足球甲级联赛（简称德甲联赛）场均上座为45063人，远高于英格兰足球超级联赛（简称英超联赛）的34604人，西班牙足球甲级联赛（简称西甲联赛）的28400人和意大利足球甲级联赛（简称意甲联赛）的21921人，在欧洲联赛中稳居首位。当然，这也与德国足球联赛的票价相对较低也有很大的关系。统计数据显示，德甲的平均票价只有22.43欧元，只相当于英超票价的一半左右。

德国人对足球的热爱已经深入骨髓，形成了习惯。很难想象如果没有足球，德国人的周末将会怎样度过。德国人通常不在乎国庆日是哪天，但是他们不会忘记重大足球赛事的时刻表。他们并不轻易悬挂国旗表达爱国主义，但是每当举行世界杯和欧洲杯的时候，都会毫无顾忌地挥舞着德国国旗。在足球的激情中，德国人能找到他们的集体认同感。

世界杯更是德国球迷的节日，因为德国队是世界杯历史上战绩最好的球队之一。虽然德国球迷也有失望的时候，但绝大多数时间，德国队带给球迷们的都是惊喜。世界杯上的经典对局，绝大多数都有德国队的参与：1954年的"伯尔尼奇迹"，1966年的温布利进球，1970年的德意世纪之战，1974年的德荷争霸，1982年德法大战、德意对决，1986年的德阿之战，1990年"德荷口水门"，2010年德阿之战也是世界足球史上经典案例……而伴随着德意志雄鹰在天际翱翔，一大批德国球员的名字让人永远难以忘怀：席勒、贝肯鲍尔、福格茨、穆勒、迈耶、内策尔、鲁梅尼格、马特乌斯、克林斯曼、埃芬博格、萨默尔、比埃霍夫、卡恩、巴拉克……德国足协的史册，就是由这些大名鼎鼎的球星书写成的，这是一段可歌可泣的德意志足球历史传承。

感谢体坛传媒集团张敦南董事长在百忙之中为本书作序；

感谢《体坛周报》副总编兼国际部主任骆明对我的信任与鼓励；感谢父母的理解——因为忙于此书未能陪他们共度新春佳节；感谢妻子的支持，没有在我工作时在一边"捣乱"；同时感谢为了出版此书付出辛勤工作与努力的编辑与出版方。

目　录

一、德国足协——
成功的缔造者

德国队能在世界赛场上取得巨大成功，离不开德国足协的领导。虽然德国足协内部也曾经有过官僚作风，有过集体堕落，但更多的时候，德国足协是一个锐意进取的群体，他们知错能改，不断地修正德国足球在前进过程中所犯的错误，这才创造了德国足球的辉煌。

从1875年到1880年，德国足协尚未成立。在德国踢球，沿用的还是橄榄球规则。直到后来，足球运动才从橄榄球运动中分离出来，成立单独的俱乐部，并开始举办地区和国家级别的比赛。德国足协于1900年1月28日在德国东部城市莱比锡成立，德国足协也是国际足联的创始会员国之一，现在管理着27000家俱乐部和680万名会员。但德国足协并未与法国、比利时、丹麦、荷兰、瑞典、瑞士等国家和皇家马德里足球俱乐部（因为当时西班牙足协还没有成立，皇家马德里俱乐部代表西班牙参加了会议，并成为国际足联创始会员）一起，参加1904年5月21日在法国巴黎圣奥雷诺街举行的国际足联成立会议，而是通过发电报的形式成为国际足联的第八名会员国。

德国队从1908年起代表德国参加重要的国际比赛，并接受德国足协的直接管理。1914年之前的德国足协，所管辖的范围要比现在的德国足协大得多，当时法国的阿尔萨斯—洛林地区、比利时的欧本以及马尔梅蒂市、丹麦的南日德兰郡、捷克的赫鲁钦地区、波兰的北部和西部、立陶宛的克莱佩达地区等都属于德意志帝国的管辖范围。

德国队的第一场正式国际比赛，是于1908年在瑞士的巴塞尔与瑞士国家队进行的，瑞士队以5比3取胜。106年前的那支德国队，球员是由德国足协指定的，而并非教练确定的。历史上第一名德国队的主帅是奥拓·内尔茨，他是来自曼海姆的一名老师，内尔茨在1923年到1936年期间执教德国队。

1933年，希特勒开始驱逐马克思主义者和犹太人，帝国体育专员奥斯滕受纳粹德国的委托，于5月30日接管德国足协，林内曼成为专业足球的实际负责人，德国足协的权力被一点点削弱，直到1940年被正式解散。在此期间，德国足协曾申办过1938年世界杯，但最后不了了之。

与此同时，1934年，德国队首次在世界杯上亮相，就取得了第三名的好成绩，但在柏林奥运会上，德国队在希特勒的注视下以0比2负于挪威队，早早出局，让纳粹党人脸上无光。纳粹党员赫尔贝格成为德国队第二任主帅。1938年3月底，奥地利沦为德国的附属国，奥地利也因此放弃了已经到手的世界杯参赛资格，与德国组成"联队"参加1938年世界杯。不过，这支拼凑起来的球队在1938年世界杯上却无法发挥出应有的水准，创造了德国队征战世界杯的最差战绩。

二战结束以后，德国被肢解成了联邦德国、民主德国和萨尔保护区，它们都拥有各自独立的足协，萨尔足协5年后才重新回归德国足协的怀抱。民主德国足球也有一段属于自己的荣光——1976年夺得了蒙特利尔奥运会的冠军。

至于联邦德国，尽管没有获得1950年巴西世界杯的参赛资格，但深厚的底蕴使得联邦德国足协迅速完成了二战后的重建，并一鸣惊人地崛起——联邦德国在1954年瑞士世界杯上创造了"伯尔尼奇迹"，出人意料地击败了强大的匈牙利获得了冠军。

在经历了1954年的辉煌之后，联邦德国足球逐渐走入低谷：1958年仅仅名列第四，1962年更在四分之一决赛①中早早出局。1962年世界杯的失利，使联邦德国足协意识到改革必须立刻进行。当年7月28日，联邦德国足协做出历史性的决定：建立全国性的职业足球联赛，之前代表联邦德国最高水平的州级联赛成为第二级联赛，联邦德国足球甲级联赛成为联邦德国最高水平的联赛，并于1963—1964赛季正式开战，这也是联邦德国足球重新走向辉煌的开始。

在俱乐部改革的同时，国家队也进行了大换血。1964年，舍恩接替执教联邦德国队长达28年之久的赫尔贝格成为新任主帅。这一改革的成效也是立竿见影的，联邦德国队在1966年世界杯上一路杀进决赛，只是因为"温布利进球"②在英格兰抱憾。1970年联邦德国队卷土重来，只可惜肩膀脱臼依然带伤征战的贝肯鲍尔未能率领德国队闯过意大利人这一关。

①四分之一决赛，把前8名按照一定的规则进行两两分对，共4对，每对进行淘汰赛。四分之一决赛后，4名晋级，4名淘汰。晋级的球队进行半决赛（也可称作二分之一决赛），最后进行决赛。
②温布利进球，是指1966年在英国伦敦的温布利球场举行的世界杯决赛中，赫斯特的射门击中横梁又反弹在门线上，主裁判认定进球有效。但半个世纪以来，皮球是否越过门线始终存在争议，即便利用计算机3D技术也无法做出最终判断。

　　20世纪70年代初期，德国足球一度陷入了假球的困扰，但德国足协再次迅速做出了改革，从根本上堵住了假球的漏洞，使得德国足球再度焕发出勃勃生机，德甲赛场上拜仁与门兴格拉德巴赫的对抗，成为了那个年代最精彩的一幕。1974年，联邦德国队第一次在本土举办世界杯就一举击败了全攻全守的鼻祖荷兰队，再夺世界冠军。1978—1986年，联邦德国队虽然未能再夺得世界冠军，但却始终保持在世界顶尖强队行列。直到1990年，联邦德国队在贝肯鲍尔的率领下第三次成为世界冠军。

　　此后德国足球一度陷入长达15年的低潮，德国足协在2001年做出了进一步深化改革的决定，将职业联赛从德国足协的管理中剥离出去，成立德国足球职业联盟对其进行管理，而德国足协则将工作的重点放到国家队、对年轻球员的培养以及地区联赛的建设中去。尤尔根·克林斯曼于2004年执教德国队之后，又从侧面影响了德国足协的施政理念，使得德国足协进一步更新了观念。一系列的改革，使德国足球从2006年世界杯起再次进入了上升通道。

　　2012—2013赛季，两支德甲球队拜仁慕尼黑和多特蒙德在冠军联赛中会师决赛。这对德国足球来说，是一个历史性的时刻。德国足协已经不再满足连续两次屈居世界杯的季军，他们的目标是在2014年完成将世界杯第四次带回德国的壮举。

二、前四届世界杯——
悲喜交加的时代

1930年乌拉圭世界杯——擦肩而过

在1929年国际足联巴塞罗那会议上，乌拉圭击败了意大利、瑞典、荷兰和西班牙，成了首届世界杯的主办国。而当时，乌拉圭队刚刚加冕奥运会足球赛冠军。

乌拉圭能脱颖而出并不出人意料——除了乌拉圭当时在世界足坛的地位之外，1930年又恰逢该国独立100周年，成为主办国亦在情理之中。但乌拉圭并非国际足联心目中的最佳主办国。国际足联"暗恋"的两个候选者，一个是奥地利，一个是德国。无奈郎有情，妾无意。奥地利人选择放弃，是因为他们当时并没有合适的球场；至于德国，死板的日耳曼人毫不犹豫地抛弃了国际足联的橄榄枝，也拒绝参加第一届世界杯——除了经济上的原因之外，德国足协也不愿自己的球员与职业球员一起比赛。职业球员在当时被认为是拜金者和缺乏节操的，与职业球员对战，被认为是对德国足球的一种侮辱，德国足协采取的是"抵制职业足球"的态度。

德国队的球员在那时候还都是业余球员，坐船去乌拉圭需要两周的时间，再加上返程以及比赛，将要有两个月的时间无法为俱乐部参加比赛，这显然也是不现实的。在这种情况下，德国足协与许多欧洲国家足协，比如意大利、荷兰等一样，放弃了去南美洲参加世界杯的机会，也与第一届世界杯擦肩而过。

与此相对的是，为了使本国球员能去参加世界杯，罗马尼亚国王卡罗尔二世给参赛球员批了三个月的带薪假期，并且亲自挑选队员。

1934年意大利世界杯——德国足球的辉煌时刻

4年时间一晃而过，1934年世界杯在意大利举行，这也成了唯一一届缺少了卫冕冠军的世界杯。为了报复不少欧洲球队未参加乌拉圭世界杯，乌拉圭队拒绝到欧洲参赛。这届世界杯虽然缺少了乌拉圭，却见证了德国足球的崛起。

德国为什么选择参加这届世界杯，原因很多：

首先从经济和政治方面来说，1929年10月，美国股市崩溃引发了全球经济大萧条，美国也停止了对德国的援助贷款。经济危机对德国的政治、经济也造成了重大影响，纳粹党在世界杯后的德国议会的选举中一举获得了107席，成为国会第二大党。1933年1月，纳粹党取得在德国的政权，成立职业足球联赛的希望在德国破灭了。刚刚在德国掌权的希特勒与墨索里尼建立了柏林—罗马军事政治轴心，德国与意大利在决赛中会师，成了法西斯的梦想。

其次，经过四年的时间演变，抵制职业足球的想法显然已经落伍了。以德国国家队主帅赫尔贝格为首的一批人，呼吁取消对职业足球的抵制，这些人的游说，有着相当大的影响力。还有一个很重要的原因，那就是在1932年洛杉矶奥林匹克运动会上，根本没有设置足球比赛项目，这届奥运会唯一的球类项目是曲棍球。在这种情况下，球员、教练还有球迷，都非常期待一场真正的较量，这些原因夹杂在一起，迫使德国足协做出了参加意大利世界杯的决定。

内尔茨和他的球队信心十足，从1933年3月到1934年6月期间，德国队打了9场比赛，赢了7场，平了两场。预选赛德国队与法国队和卢森堡队同组。原本3支球队应该进行主客场两回合的较量，但当时毫无出线希望的卢森堡队提出，与两支球队在卢森堡各自进行一场比赛，根据这两场比赛的结果来判定小组排名。这样，卢森堡队虽然出线无望，却能获得一些比赛收入。德法两国当时政治关系很紧张，也不愿到各自国家去客场作战，于是都接受了卢森堡队的提议。德国队以9比1击败了卢森堡队，法国队则以6比1取胜，德法两队由于已经出线，于是便没有再相互对垒，就以德国队小组第一，法国队小组第二的身份晋级了决赛圈。

德国队八分之一决赛的对手是比利时队。在1933年的友谊赛上，德国人刚刚以8比1击败对手，因此面对比利时队，内尔茨的球队毫不客气地大打出手：德国队在第26分钟取得领先，但比利时人中场前连扳两球，以2比1结束上半场的比赛，下半场开场4分钟德国队就扳平了比分。此后，柯南在第67分钟、第

70分钟和第87分钟连进三球，完成了德国队在世界杯历史上的首个"帽子戏法"[①]，德国队最终以5比2淘汰了比利时队。

四分之一决赛在米兰的圣西罗球场进行，德国队的对手是瑞典队。两队在上半场0比0互交白卷，但德国队的霍曼在第60分钟和63分钟时梅开二度，帮助德国队取得领先，瑞典队只是在比赛结束前8分钟才扳回一球，德国队以2比1顺利晋级。

但在这期间，德国队发生了一些动荡，影响了备战。比如说法兰克福的后卫格拉姆里希，他是一名皮具商。格拉姆里希必须在半决赛前赶回家，因为他的犹太雇主需要帮助——在德国的犹太人已经感觉到了纳粹执政的影响。巴伐利亚后卫哈灵格也因病离开。队友柯南揭露说，哈灵格的病因是"缺少啤酒"，而在此之前，哈灵格已经违规吃了一个橘子，这是内尔茨明令禁止的。

半决赛德国队遭遇了强大的捷克斯洛伐克队，后者刚刚在当年的5月以2比1的成绩击败了强大的英格兰队，被看作是本次世界杯的最大热门之一，这场比赛也被认为是"大卫歌利亚之战"。上一场比赛独中两元的霍曼因伤缺阵，提前结束了世界杯之旅。德国队在这场比赛中处于下风，再加上门将克莱斯在

①帽子戏法，是指在一场足球比赛中，一名队员3次将球踢进对方球门，但不包括在决定比赛胜负的点球大战中的进球。另外，"帽子戏法"的应用范围不只限于体育领域，人们还用它形容连续3次的成功。

本场比赛中"黄油手"①附体，发挥失常，捷克斯洛伐克队射手内耶德里则在本场比赛中打进了3个球，并最终以5个进球成为本次世界杯的最佳射手。德国队以1比3告负，只能参加季军争夺战，这使得想把世界杯当成宣传法西斯场地的希特勒大失所望。

季军争夺战中出现了戏剧性的一幕：由于国际足联当时尚未有主客场球衣的规定，因此德国队与对手奥地利队都穿着白上衣、黑裤子到场比赛。后来经过抽签，奥地利人才不情愿地穿上了那不勒斯的海蓝色球衣，而因为这场闹剧，原定17点30分开赛的比赛，被推迟到了18点。

内尔茨弃用了上一场发挥糟糕的克莱斯，启用新人雅各布。德国队也迅速进入了比赛状态：莱纳在第25秒钟就破门得分——直到1962年世界杯之前，这个进球都是世界杯历史上的最快进球。此后，柯南在第27分钟帮助德国队将比分扩大为2比0，但奥地利队的霍瓦特在1分钟后将比分缩小为1比2，中场前3分钟，莱纳梅开二度，德国队上半场以3比1领先。

下半场奥地利人占据了主动，并且在第54分钟又扳回了一

---

①黄油手，是对经常扑球失误的足球守门员的戏称（泛指扑球脱手），意思是手上像抹了黄油一样，拿不稳球。法国传奇门将巴特兹是最早被媒体称为"黄油手"的人，而英格兰队因盛产黄油手门将，而被称为英格兰黄油队。

球。关键时刻德国队门将雅克布发挥了重要的作用，他用出色的表现证明了内尔茨更换门将的决定是正确的。德国队最终以3比2取胜。《踢球者》杂志的前身《足球》杂志用"德国足球的辉煌时刻"为标题来报道这场比赛。对于德国队来说，最重要的胜利是"德国球员以业余球员的身份战胜了奥地利的职业球员"。这是比球队夺得第三名还重要的胜利，因为在80年前，职业足球和业余足球势同水火。

1938年法国世界杯——怪诞的咖啡毁了德国

1938年，世界杯在德国的邻居法国举行。这是笼罩在战争阴影下的一届世界杯，此时的欧洲已经硝烟弥漫，"第三帝国"德国吞并了奥地利。希特勒逼迫已经获得了世界杯参赛资格的奥地利队退赛，与德国组成联队参加世界杯。于是，1934年意大利世界杯第三名的争夺者，在本次世界杯上了一条船——8名奥地利球员出现在了德奥联队中，但奥地利最出色的球员辛德拉尔拒绝代表德奥联队出征。1939年1月29日，辛德拉尔的尸体在其公寓中被发现，官方给出的死因是一氧化碳中毒。

事实上，在参加法国世界杯之前，德国队一直在精心准备参加1936年柏林奥运会。在10个月的时间里，德国队打了16场比赛，成绩非常出色，包括击败荷兰队、法国队、爱尔兰队和捷克斯洛伐克队，仅仅在科隆输给了西班牙队，在斯德哥尔摩输给了瑞典队。

奥运会首轮比赛，德国队以9比0轻取卢森堡队。这也吸引了此前从不观看足球比赛的希特勒到现场观看德国队对挪威队的第二轮较量。因为有人告诉希特勒说，德国足球很强，有望拿金牌，希特勒觉得这样的场合非常适合自己出席。于是，1936年8月7日，希特勒兴冲冲地率领德国一众党政要员到柏林邮政球场"视察"比赛。这时候，负责足球项目的林内曼偏偏做出了一个错误的决定，由于此前挪威队对阵德国队已经8连败，他认为球队拿下挪威队问题不大，因此要求内尔茨"应该派上一些年轻的天才球员，让一线球员轮休，以便应对此后更艰苦的比赛"。内尔茨并不支持这一计划，但林内曼坚持自己的决定，结果挪威人在希特勒的眼皮底下，制造了柏林奥林匹克足球项目上最大的冷门——挪威队以2比0的比分获胜，德国队出局，令元首大失所望。

柏林奥运会上德国队意外的以0比2输给了挪威队，内尔茨逐渐隐退，赫尔贝格成为德国队的实际负责人。在赫尔贝格的带领下，德国队于1937年5月16日在布雷斯劳（如今波兰的弗洛茨瓦夫）以8比0击败了丹麦国家队。格赫尔贝格重用在布雷斯劳首发的11人，在1937年所打的11场比赛中保持不败，并赢得了其中10场，布雷斯劳的11人（Breslau-Elf）也成为了德国队历史上最著名的团队之一，只有两支球队能与布雷斯劳的11人相提并论，一支是创造了"伯尔尼奇迹"的德国队，一支是在1972年赢得欧洲杯、并在1974年赢得世界杯的德国队。这样的一支球队，当然被认为是1938年世界杯的大热门之一。

德国队在世界杯预选赛欧洲区小组赛分在第一组，同组的还有参加过上届世界杯的瑞典队、芬兰队以及爱沙尼亚队。德国队和瑞典队幸运地抽到了两个主场，倒霉的爱沙尼亚队所有比赛都被安排在客场进行。1937年6月29日，德国队在小组首战中客场以2比0击败了芬兰队，8周之后，主场作战的德国队又以4比1击败了爱沙尼亚队。小组的焦点之战于11月21日在汉堡进行，当时还是球员的舍恩在比赛中梅开二度，德国队以5比0击败瑞典队3战全胜，以小组第一的身份进军1938年法国世界杯。

1938年5月12日，内尔茨正式辞去了德国队主帅的职务，德国队由赫尔贝格单独执教。德国队与瑞士队的八分之一决赛恰好是法国世界杯的揭幕战，也被安排在了其他小组首战的前一天进行。比赛原本应该在法国南部城市斯特拉斯堡开打，但组委会遇到了一个很棘手的问题，那就是有15000名德国球迷涌到了巴黎，以当时组委会的能力，根本无力运输如此多的球迷到南部。于是球迷也不用辗转了，组委会也不用忙活了——比赛干脆被安排在巴黎进行，时间为1938年6月4日。

按照元首指示，德奥联队每次比赛的时候，必须有5~6名前奥地利球员出场。尽管赫尔贝格强烈反对，但他还是不得不在世界杯的比赛中派了5名奥地利球员，布雷斯劳的11人被拆散。奥地利人所擅长的短传渗透，与赫尔贝格同内尔茨所建立的布雷斯劳的11人战术在短时间内是很难融合在一起的。赫尔贝格自嘲说，如今的这支德国队，就像"配上普鲁士风味的维也纳式米郎琪咖啡"。当时媒体的评论说这是"瑞士巧克力对阵普鲁士怪味咖啡。"

德奥联军毫无默契，尽管在第29分钟率先破门得分，但瑞士人在第43分钟扳平了比分。90分钟内两队战平，加时再战，第96分钟，德国队一名球员被罚下，少一人的德国队侥幸逼平了对手。德国记者评论说："尽管德国球员和奥地利球员在一支球队中，但看起来他们更愿意相互打一场比赛。"

5天之后两队重赛，赫尔贝格换了7名首发，其中仍然有5名奥地利球员。德国队上半场就以2比0领先，但第42分钟起风云突变，瑞士队出人意料地连进4球淘汰了德国队。对于这样的结果，德国人并不服气。德国队始终认为，执法本场比赛的瑞典主裁判艾克林德至少给了德国队两个点球，导致德国队最终失利。不过最终的比赛结果无法更改，原本的大热门德国队，因为政治的原因早早出局，这也是德国队历史上最失败的一次世界杯。赫尔贝格对这样的结果很愤怒。他对林内曼说："奥地利人还要学很多，在比赛中他们宁愿放弃，也不愿为胜利而奋斗。"而导致德奥联队溃不成军的根本原因，显然不是技术原因。

1939年9月1日，赫尔贝格和妻子艾娃在街头漫步，他们看到希特勒与戈林乘坐的轿车从身前驰过，元首是在去往电台的路上，他要对德国民众发表讲话。讲话的内容赫尔贝格不记得了，他只记得当他和妻子艾娃走进一家咖啡馆的时候，听到希特勒在广播中宣布，德国已经和波兰处于战争状态了……

尽管受战争影响，但赫尔贝格的球队依然在参加国际比赛。法国、英格兰、荷兰等受到德国侵略的国家当然与德国没有体育上的交流，赫尔贝格率领的德国队只能与一些盟友比如意大利或者中立国丹麦、瑞典、瑞士这样的国家进行比赛。1939年，德国队打了15场国际比赛，1940年和1942年各10场，1941年9场。

1942年11月，德国队以5比2击败斯洛伐克队，取得了德国队历史上的第100场胜利，但也就是在这场比赛后的8年，德国队再也没打过国际比赛。此后大部分国家队球员不得不应征入伍。当时赫尔贝格将许多国家队的球员征调进了自己所执教的汉堡空军队，在战争最危险的时期，他也只能以这种方式保护自己的球员。

1950年巴西世界杯——再度无缘

1945年，二战结束。同年11月，国际足联宣布，禁止战败国德国和日本参加国际赛事。1950年巴西世界杯举办时，新成立的联邦德国足协尚未加入国际足联，因此未能获得参赛资格。1950年9月22日，联邦德国足协才重返国际足联大家庭。

尽管无缘世界杯，但这一时期对于德国足球而言还是有特殊意义的。二战结束以后，原来的德国足协被肢解成了三个部分：联邦德国足协、民主德国足协以及萨尔足协。后者是二战后德国足坛很奇特的一个存在。那是因为在二战结束以后，萨尔在盟军分治时期成为法国占领区，由于法国反对将萨尔纳入德国，于是萨尔成为了联邦德国和民主德国之外一个特殊的保护领地。在这个保护领地诞生了萨尔选拔队，由萨尔足协管辖。1950年5月，纽贝格成为萨尔足协新任主席。在纽贝格的倡议下，萨尔足协在1950年6月12日以独立身份加入国际足联，这比联邦德国足协恢复国际足联成员身份要早3个月，比民主德国足协要早将近两年。

至于萨尔保护领地区，则在1955年全民公投后，重新成为联邦德国的一部分，萨尔足协也随之结束了国际足联独立成员的身份，成为了德国足协的一个州立组织。1950—1955年期间，萨尔队一共参加了19场国际比赛，总战绩为6胜3平10负。之所以相对详细地介绍了这支萨尔选拔队，不但是因为它记录了德国足球一段相当特殊的历史，更因为在这个小小的足协中，诞生了两位后来堪称德国足坛教父的人物：一个是萨尔足协主席纽贝格，他后来奠定了德国足球甲级联赛的基础，组织承办了1974年联邦德国世界杯，并于1975年到1992年期间担任德国足协第7任主席；另一个是海尔穆特·舍恩，他在1952年成为萨尔队主的教练，率领德国队在20世纪六七十年代走向了辉煌。

民主德国在1952年以独立身份成为了国际足联的一员。但他们的战绩与老大哥联邦德国相差甚远，他们从未打入过欧洲杯决赛阶段的比赛，只参加过1974年世界杯决赛阶段的比赛，并在一场政治味道十足的比赛中，以1比0击败了联邦德国队，那也是两队唯一的一次交锋。1976年，民主德国队赢得了奥林匹克运动会足球项目的金牌，这也是民主德国足球所获得的最高荣誉。1989年柏林墙倒塌之后，民主德国的俱乐部和球员在两德统一之后加入了德国足协。

三、1954年瑞士世界杯——难以复制的奇迹

　　联邦德国重返国际足联之后的第三周，就迎来了他们二战后第一个国际比赛的对手——瑞士队。瑞士队是德国队的天然对手，德国队历史上的首场国际比赛，对手是瑞士队；一战后，德国国家队在1920年所进行的第一场国家队比赛，对手是瑞士队；二战后，当很多国家还拒绝与联邦德国队比赛时，联邦德国队第一场国际比赛的对手也是瑞士；1990年，德国统一之后，所对阵的第一个国家队还是瑞士队；1954年世界杯双方没有交手，但举办地是瑞士，德国队第一次获得世界

杯冠军。

比赛在1954年11月22日进行，尽管当天下着雨，但是依然有11.5万人到斯图加特的内卡球场观看比赛，而这个球场在不久之前还被叫做"阿道夫·希特勒球场"。赫尔贝格缺少了他最喜爱的球员弗里茨·瓦尔特，瓦尔特因为膝盖受伤无缘本场比赛，赫尔贝格几乎每天都要和瓦尔特通电话询问后者的伤情，后者很想参加这场友谊赛，但最终未能成行。其中一次通话据说是这样的："使劲踢桌子，弗里茨！"赫尔贝格在电话里说，"再使劲点踢，我什么也听不到！"弗里茨在电话里照做了，并说自己把桌子都快踢烂了。赫尔贝格接着问："现在你觉得膝盖怎么样了？""绝对没问题！"赫尔贝格于是结束了这次电话："亲爱的弗里茨，看起来你没法参加对瑞士的比赛了。"

当年强大的布雷斯劳的11人，在对阵瑞士时只剩下了36岁的库伯一人了，这也是库伯最后一次代表联邦德国队参加比赛，在比赛中他戴上了队长袖标。联邦德国队在这场比赛中凭借点球以1比0击败了瑞士队，库伯在比赛结束后挂靴①。

1953年6月，1954年世界杯欧洲区资格赛开打。二战之后的联邦德国，百废待兴。沉重的战争赔款，同时还与民主德国保

①挂靴，指田径运动员正式退役，不再参加正规比赛。

持对立的局面，使得人们根本不看好联邦德国队。这也是二战后联邦德国体育代表团首次参加全球性的体育赛事。

资格赛阶段，联邦德国队与萨尔选拔队以及挪威队分在了同一个小组。萨尔选拔队的球员，几乎全部来自萨尔布吕肯地区，小组第一场比赛，神奇的舍恩就率领萨尔选拔队创造了一个小小的奇迹，他们于1953年6月在奥斯陆客场以3比2击败了挪威。之所以说是一个奇迹，是因为两个月之后，客场挑战挪威的联邦德国，也只是凭借着弗里茨·瓦尔特的进球与主队以1比1握手言和。

此后兄弟阋墙，联邦德国队在斯图加特以3比0轻取萨尔选拔队，又在主场以5比1击败挪威队。小组最后一场比赛于1954年3月28日举行，这天是赫尔贝格的57岁生日。萨尔选拔队在主场1比3负于联邦德国队，后者4战3胜1平、进12球丢3球获得小组第一，萨尔选拔队1胜1平2负、进4球丢8球名列小组第二，挪威小组垫底。赛后，赫尔贝格与萨尔选拔队主帅舍恩紧紧握手。舍恩对赫尔贝格说："现在，萨尔队已经没办法赢得世界杯了，请率领联邦德国队夺得冠军！"赫尔贝格笑着回答说："好吧，看看我们能做些什么。"当年在萨尔布吕肯握手的这两个人，后来都率领联邦德国队夺得了世界杯。

老狐狸赫尔贝格

世界杯开始之前，联邦德国队选在了海拔607米的瑞士小镇施皮茨备战，这个小镇只有10000多人。因为这次备战，德国足坛也从此多了一个词，叫"施皮茨精神"———一种团队之间互相信赖的精神。拉恩和弗里茨·瓦尔特被安排住在一个房间，这并非巧合。拉恩是个喜欢吵吵嚷嚷、好搞笑的人，从来不知道什么是烦恼，这甚至引起了很多人的反感。但赫尔贝格容忍了拉恩，他认为一个好的团队需要这样性格的人存在，队友之间就应该相互信任与了解。同样，摩洛克与沙尔克04[①]的克洛特住在一间房，因为他们都是右路球员，赫尔贝格认为他们应该增加信任。

拉恩的性格与瓦尔特形成了鲜明的互补，后者是一个情绪不稳定、敏感、多疑并且容易陷入痛苦中的人，很多事情容易使得瓦尔特情绪失控，比如裁判的误判，甚至是天气。瓦尔特在夏天艳阳高照的时候总是无法发挥出最佳的水准，他喜欢下雨。直到如今，在德国瓢泼大雨的天气依然会被称作"弗里

①沙尔克04，是一家位于德国西部北莱茵—威斯特法伦的盖尔森基兴沙尔克地区的足球俱乐部，成立于1904年5月4日，1963年德甲正式成立，沙尔克04是创始成员之一。

茨·瓦尔特天"。这是因为，与许多德国士兵一样，在二战时曾经远征南欧的瓦尔特得过疟疾，这使得他在酷热的天气中，根本无法正常参加比赛。

小组赛阶段采用了很奇怪的赛制，那就是：每组确立两个种子队，两个非种子队，每支种子队与两支非种子队之间对垒两场，而种子队之间、非种子队之间并不交手，前两名出线。如积分相同，则再加赛一场。联邦德国队在小组赛中与韩国队、土耳其队以及匈牙利队分在一组，联邦德国队与韩国队沦落成了非种子队。老谋深算的赫尔贝格立刻意识到，联邦德国队负于匈牙利队以及土耳其队胜韩国队都是显而易见的，因此小组最重要的一场比赛就是与土耳其队的较量。

这恰恰是小组的第一场较量。开赛仅仅2分钟，赫尔贝格的球队就以一球落后，但联邦德国队很快发起了凶猛地反扑：沙费尔第14分钟为联邦德国队扳平了比分。第52分钟，克洛特的进球帮助联邦德国队将比分反超，领先之后的联邦德国队越战越勇，瓦尔特与摩洛克在第60分钟和第82分钟又连下两城，帮助联邦德国队以4比1完胜，也使得赫尔贝格完成了其必须要击败土耳其的战略目标。

次战面对强大的匈牙利队，老谋深算的赫尔贝格并未派出全部主力，他把一部分主力雪藏起来，让一些板凳球员①首发，且球场上球员的位置混乱不堪。匈牙利队则精英尽出，最终以8比3横扫联邦德国队。为了取得这场胜利，匈牙利人也付出了沉重的代价：全队体力透支，队长普斯卡什在第20分钟时被联邦德国队的莱布里希踢伤脚踝，缺席了接下来的两场比赛，直到决赛再战联邦德国队才带伤复出，状态却已经打了很大的折扣。

关于普斯卡什的这次受伤，因为当时还没有如今这样的摄像技术，也成了一个谜。莱布里希多次表示，自己并没有主动去"踢"普斯卡什。德国队球员埃克尔在40年后回忆说："那是一次干净的、公平的对抗。"根据弗里茨·瓦尔特的描述，当时的一幕是：莱布里希的上身将普斯卡什撞飞，不幸的是普斯卡什在落地的时候脚踝自己扭伤了。普斯卡什后来自己说："是莱布里希从后边抓住了我，导致我受伤。"

这是一场举世瞩目的比赛，有55531名观众到现场观看了比赛。其中到巴塞尔看球的联邦德国球迷有3万人，他们见证了匈牙利人在这场比赛中的完美发挥。瑞士方面的数据显示，这场比赛，是仅有的两场在世界杯开赛之前门票就售罄的

---

①板凳球员，指在球赛中，一些很少得到上场打球机会的替补球员。

比赛，另一场是本次世界杯的决赛。当然，"放水"①这场比赛，也使得赫尔贝格承担着沉重的压力，赛后一周左右的时间，赫尔贝格收到了10千克左右的来信，绝大多数都是表达对赫尔贝格本场比赛排兵布阵的不满。赫尔贝格后来说，他把这些信按照原地址又寄给了发信人，只不过在信中加上了自己的签名。

正如赫尔贝格在小组赛前所料，两战全胜的匈牙利队成为小组第一名，土耳其队在接下来的小组赛中以7比0横扫韩国队。这样，小组战绩同为一胜一负的联邦德国队与土耳其队将通过重赛的形式争夺小组第二名。联邦德国队完全看不出败于匈牙利队的颓废，赫尔贝格在首发阵容中更换了7名球员，仅仅用了12分钟就以2比0领先土耳其队，最终以7比2击败土耳其队，以小组第二名的身份晋级淘汰赛。

联邦德国队四分之一决赛的对手是南斯拉夫队，与另外三场精彩纷呈的对决不同，在日内瓦进行的这场较量很枯燥、无聊。同强大的南斯拉夫队相比，联邦德国队并不让人看好，但赫尔贝格的球队在90分钟结束之后，给了到场观战的16190名球迷一个大大的意外：南斯拉夫队的霍瓦特开场不到10分钟就

———————

① 放水，指在足球比赛中，通常球队并未全力以赴而故意输掉或者放弃比赛。

打进了乌龙球①。此后，南斯拉夫人就对联邦德国人的后防线呈疯狂围攻之势，而联邦德国队则众志成城——比赛的最后15分钟，南斯拉夫队的体力明显下降，联邦德国队的攻势开始发挥威力，在终场前5分钟，拉恩在反击中为联邦德国队再下一城。联邦德国队在全场被动的情况下以2比0淘汰强大的南斯拉夫队。

半决赛联邦德国队的对手是奥地利队。能打进半决赛，这是在世界杯开赛之前人们从未预料过的成功，但联邦德国队依然不被看好。因为在这支奥地利球队中，有堪称奥地利历史上最棒的球星奥克维尔克，况且奥地利队刚刚在0比3落后的情况下，以7比5逆转淘汰了东道主瑞士队。不过，赫尔贝格在看了奥地利队以7比5击败瑞士队的比赛后，深信联邦德国队能够击败对手，因为他找到了奥地利队防守的软肋。

这次两队的队服没有再"撞车"，奥地利人依旧穿着黑白色的战袍，而联邦德国人则已经变成了绿色的客场球衣。奥地利人的后防线在半决赛中被联邦德国人打成了筛子，沙费尔和摩尔雷克在第31分钟和第47分钟时进球为联邦德国队以2比0取

---

①乌龙球，指在足球或者其他球类比赛中，一方将球送入己方得分区域而导致对方得分，而使得分者为守方球员、而不是通常为攻方球员的情况。最常见于足球比赛中，守方球员误将足球射入己方的球门，则此进球大多被视为乌龙球。

得领先，普罗贝斯特在第51分钟扳回一球。但就在奥地利队刚刚准备反扑的时候，沙费尔在第54分钟制造了一个点球，弗里茨·瓦尔特主罚命中。3比1领先之后，联邦德国队完全控制了场上的局面，第61分钟，奥特玛·瓦尔特将比分扩大为4比1，3分钟后，弗里茨·瓦尔特再度罚进点球，大屠杀的结尾，奥特玛·瓦尔特在第89分钟梅开二度。凭借着瓦尔特兄弟的精彩发挥，以6比1取胜的德国队昂首进军决赛。

"伯尔尼奇迹"

为什么说是一个奇迹？因为当时的匈牙利国家队太强大了：1952年，他们夺得了奥运会的足球冠军，并且在31场正式比赛中只有4场没有取胜。匈牙利队内拥有普斯卡什和柯奇士这样的在当时世界足坛举足轻重的球员。1953年11月25日，匈牙利队做客温布利球场，在那里将足球的鼻祖英格兰人打了个6比3。1954年5月23日，当英格兰队回访布达佩斯希望复仇的时候，却被匈牙利队打了个7比1。

已故英格兰名帅鲍比·罗布森爵士谈到在温布利的失利时显得有些绝望："我们见到了我们之前从未见到过的一种打法，一种体系。在这场比赛之前，这些匈牙利球员对我们来说根本不算什么，没人知道普斯卡什。在我们看来，这些出色的球员是来自火星——在此之前，从来没有人在温布利球场击败过英格兰队。这场比赛，对我自己和所有的球员都产生了深远的影响。这场比赛改变了我们的思想——我们曾经认为，在英格兰的温布利球场，我们是老师，他们是学生，但事实上完全不是如此。"

即便很多当年参加了这场比赛的联邦德国球员都认为，能击败匈牙利队夺冠确实是创造了奇迹。联邦德国队的主帅赫尔贝格后来是这样描述的："三分之一靠的是技术，三分之一靠的是团结，还有三分之一靠的是运气。"本场比赛，联邦德国球员几乎激发出了所有的潜力，踢出了最高的水平。至于团结，更无需多言，联邦德国队就是一个战斗的团体。而毫无疑问，运气也站在了联邦德国队一边：匈牙利人势在必进的球，竟然因为雨水而停在门前，第25分钟，希代古提的射门击中了门框；第59分钟，柯奇士的射门命中了横梁；第84分钟，拉恩为联邦德国队将比分改写为3比2之后，普斯卡什迅速就为匈牙利队打进一球，但边旗摇摆，普斯卡什越位在先……这当然都是很重要的因素。但必须要指出的是，决定这场比赛结果的还有一个人，那就是赫尔贝格自己。

在本次世界杯开打之前，赫尔贝格带领自己的球员看了一场比赛：1953年英格兰队在温布利对阵匈牙利队。这场比赛赫尔贝格本人也到现场观战了。这场比赛，赫尔贝格让球员看了两遍。第一遍看完比赛的时候，联邦德国队的队员都在说："匈牙利队真厉害，太厉害了！"但当球员开始第二遍看比赛的时候，他们开始指出匈牙利球员在比赛中所犯的错误。这正是赫尔贝格所需要的。对赫尔贝格来说，没有球队是不能击败的，但最重要的是，他需要自己的球员信心十足地投入比赛。

就在赫尔贝格和自己的球员在深入地了解匈牙利队的时候，匈牙利人却对自己的对手一无所知。对联邦德国队极其有限的一点了解，也是来自小组赛以8比3获胜的那场比赛，那样的一支联邦德国队当然不值得畏惧。他们甚至不知道最后终结了自己的拉恩，在比赛中究竟是打什么位置。

联邦德国人不但准备了对手的详细的资料，也将天气因素考虑在内。也许很多人没有注意到，在联邦德国队的教练席上，与赫尔贝格坐在一起的一个人——阿迪·达斯勒，他是阿迪达斯的创始人。早在几年前，阿迪·达斯勒就开始为联邦德国队提供赞助，而本次世界杯开始之前，赫尔贝格与队长弗里茨·瓦尔特更是亲自找到了阿迪·达斯勒，商谈合作事宜，而这次商谈，也使这三人产生了深厚的友谊。会谈的结果是，赫尔贝格不仅向阿迪·达斯勒订购了球鞋，还坚持让阿迪

·达斯勒一起到瑞士观战，阿迪·达斯勒也随之进入了球队的管理层。阿迪·达斯勒为联邦德国队带来了一种秘密武器：一种可根据地面的软硬和干湿程度来更换鞋钉的球鞋，而之前的球鞋的鞋钉都是不可替换的。联邦德国队与匈牙利队的比赛恰恰是在午后的大雨中进行的，是一个标准的"弗里茨·瓦尔特天"。于是阿迪·达斯勒迅速为所有的联邦德国球员换上了长鞋钉，在伯尔尼泥泞的场地中，球技变得不如身体的强壮以及顽强的斗志更有威胁。

匈牙利队教练在本场比赛中安排脚踝受伤的普斯卡什首发，如今看起来这是一个错误。虽然普斯卡什开场仅仅6分钟就为匈牙利队打进一球，但他的状态远远没有恢复到受伤之前的水准，整场比赛的发挥完全打了折扣。2分钟之后，联邦德国队后卫柯迈耶一次无意义的回传，又被齐伯尔抢断之后射门得分，匈牙利人开场8分钟就以2比0领先，脚穿新款阿迪达斯运动鞋的联邦德国队似乎没占到多大优势。

关键时刻联邦德国人的顽强拼搏起了作用，他们的勇猛让匈牙利人感到畏惧。0比2，联邦德国队中场开球时，弗里茨·瓦尔特凝视着对手。摩洛克大声呐喊着："现在，让他们看看我们的！"声音之大，让所有场上的球员都为之一振。这不是电影上狗血的一幕，而是真实发生在当时那场比赛中的。弗里茨·瓦尔特在后来的回忆录中提到："这一刻，让我想起了1942年的一场比赛，同样的对手，我们以1比3落后，但最终以5比3赢得了比赛。"

联邦德国队立刻予以还击，第10分钟，弗里茨·瓦尔特第一时间将球分给右路的拉恩，后者传中，中路包抄的摩洛克捅射，为联邦德国队扳回了一球。第18分钟，摩洛克晃过了三名匈牙利防守球员，但是他的射门被兰托斯挡出，角球被对手在前门柱解围，联邦德国队再次获得一个角球。这次弗里茨·瓦尔特的角球开到了远点，拉恩将球打进了网窝，联邦德国队将比分扳成2比2。

很难说匈牙利人是被联邦德国队的顽强震撼了，还是自己过于紧张了（开球之前，匈牙利门神曾经神经质地跑到洗手间去呕吐）。总之，他们直到被扳平了比分之后才清醒过来，并发起了反扑，但希代古提12码外的射门很不走运地击中了门框。当英格兰裁判吹响上半场比赛结束的哨声时，场上的比分依然是2比2。

下半场前15分钟几乎全是匈牙利人的天下。他们获得了5次良机：联邦德国队门将图雷科扑出了两次射门，后卫两次在门线上救险，然后就是柯奇士不走运的横梁——联邦德国队直到第51分钟，才在下半场第一次将球踢过了半场，不是射门，仅仅是将球踢过了半场。

时间过得飞快，全场比赛只剩下6分钟了。幸运女神这次站在了联邦德国人这边：沙费尔传球到禁区，匈牙利队员头球解围，球飞到拉恩脚下，他右脚一扣，左脚劲射，皮球直飞球门死角。当球还在飞行的时候，拉恩就知道对方门将对此无能为力了。

然后就是疯狂的庆祝——"我感到所有的球员都压在了我身上，我几乎窒息了。我大声喊着'让我喘口气'，幸好他们离开了，如果他们在我身上再多压10秒，他们就要抬着我的尸体去领奖了。"拉恩后来回忆说。

关于决赛，拉恩所记得的另外一件事，就是普斯卡什在他之后进球了。为此，拉恩彻夜难眠，他始终都不敢相信球队真的已经击败匈牙利而夺冠了。他在队长弗里茨·瓦尔特耳边念叨着："普斯卡什的进球应该是无效的吧？"弗里茨·瓦尔特瞪着拉恩说："你白痴啊，那球越位了！我们是冠军！"

是的，越位了，普斯卡什最后时刻的进球未能挽救匈牙利人，联邦德国人在伯尔尼创造了奇迹。整个联邦德国沸腾了，可以想象，一个刚刚在战争中失败，正在艰苦地重建，充满了失落感的民族，在足球场上的胜利，能够带给他们多大的自信。

在决赛中打进了两球的拉恩成为民族英雄，但这要多亏赫尔贝格的知人善任。在世界杯预选赛中，拉恩的表现并不是很好，他甚至没想过能代表联邦德国参加世界杯。由于埃森获得了1953年德国杯的冠军，他们也收到了南美球队的邀请，直到世界杯开始之前的三周，拉恩还在跟着他所在的埃森队进行南美之旅。

在南美踢了4周的巡回赛之后，拉恩正准备跟着埃森队继续去秘鲁，再前往厄瓜多尔。正在此时，拉恩接到了赫尔贝格的一个电话："请尽快回来，我需要你。"在一个没有手机的时代，赫尔贝格为联系到拉恩没少费力气，如果没有这个电话，或许也就没有联邦德国在"伯尔尼奇迹"。于是，拉恩开始了返乡之旅——拉恩在自己的回忆录中写道："我先搭乘最快的一个航班到利马，从利马又赶往巴拿马，接着是迈阿密、伦敦、布鲁塞尔，最终赶到了法兰克福。"

颁奖仪式上，联邦德国队队长弗里茨·瓦尔特像个小男生一样有些羞涩，他站在那里，雷米特将奖牌挂在了他的脖子上。瓦尔特知道，他们不仅仅是赢得了一场足球比赛，而且是献给了整个联邦德国一个意想不到的礼物。因为整个看台上随队征战的联邦德国球迷都已经疯狂了。这是四年多以来，匈牙利人第一次被击败，可以说除了赫尔贝格之外，没有任何人能预料到这场胜利。当弗里茨·瓦尔特领奖结束之后，要将奖杯交给赫尔贝格的时候，赫尔贝格拒绝了："不，弗里茨，这是属于你们的！"

举国欢腾，归国的赫尔贝格和他的球员享受着英雄般的待遇，联邦德国总理阿登纳亲赴德瑞边境迎接他们凯旋。从一个城市到了另一个城市，重复着欢庆的场面，来自拉恩家乡埃森当地的一家报纸形容这一切是"欢乐的地狱"，因为这些球员每到一处就会引起一片混乱。世界冠军们也得到了各种奖励：从冰箱、电视到汽车，这对月工资只有320马克①的联邦德国球员来说，也是额外的惊喜。

至于阿迪达斯公司，也在这次世界杯之后一战成名。从20世纪50年代开始，阿迪达斯就一直是德国队的球衣赞助商，他们目前与德国队的合约已经签到了2018年。耐克曾于2007年8月开价高达5亿欧元要求赞助8年，价格是阿迪达斯现时所支付的6倍，但德国足协不为所动，因为阿迪达斯与德国队的合作，是经过世界冠军考验的。

2003年，导演沃特曼将联邦德国队在瑞士世界杯上的成功

①马克，德国在2002年使用欧元前的货币单位，当时1马克约合4.33元人民币。

拍成了一部电影"伯尔尼奇迹",德国总理施罗德也为之潸然泪下。"伯尔尼奇迹"是不可复制的奇迹,它是德意志精神的真实写照,1974年、1990年,当联邦德国举起世界杯时,人们也为之欢欣鼓舞,但这所有的胜利,都无法与"伯尔尼奇迹"相比,这是一个见证了德国复兴的奇迹。德国前总理施罗德在评价"伯尔尼奇迹"的时候说:"1974年联邦德国队捧杯是众望所归,因为那支德国队刚刚获得了欧洲冠军,又有主场之利,荷兰队虽然强大,却并非不可战胜;1990年,联邦德国队在决赛击败阿根廷也是可以预见的,因为那支联邦德国队是世界上最出色的球队。但只有"伯尔尼奇迹"是不可复制的,是一场以弱胜强的奇迹。"

齐默曼的疯狂

1954年瑞士世界杯,是第一次有电视转播的世界杯,但在那个年代,电视还是奢饰品,并不普及,更多的联邦德国球迷是通过广播来了解赛场上发生的一切的。谈及1954年世界杯,人们都不会忘记一个名字:齐默曼。这届世界杯,让足球广播评论员齐默曼与联邦德国队一起走入了人们的视野。

在1954年以前,联邦德国广播人解说足球比赛,是有一种约定俗成的"阿尔弗雷德·布朗解说法"的。阿尔弗雷德·布朗将球场画成10个格、22个区，然后他拿着这张打印出来的表格给球迷们解说。举个例子来说："拉恩左路传球，从A5经过A4到B1"，这是一种让人发狂的解说方式，却长时间内被联邦德国球迷接受了。

齐默曼的出现改变了这种解说方式：他的解说给了球迷更大的想象空间，也更有激情。决赛对阵匈牙利队，他的解说让所有人血脉贲张，以拉恩的最后一个进球为例。齐默曼是这样解说的："拉恩射门……球进了！进了！进了！进了！"然后他沉默了整整8秒钟。齐默曼后来说，他用这8秒来调整呼吸，来确认这眼前发生的一切都是真实的。这8秒钟，使得几千万联邦德国球迷的心都在紧绷着。8秒钟之后，齐默曼释放出了丝毫不亚于南美解说员的能量："3比2，联邦德国队领先！我就是个疯子，我就是个狂人！"这也成了德国足坛最经典的一句评论，以至于德国电视台在给这场比赛配音的时候，都会将齐默曼最后时刻的爆发融入画面："结束了！结束了！结束了！结束了！比赛结束了！德国队是世界冠军，德国队在伯尔尼以3比2击败了匈牙利队获得了冠军！"

"伯尔尼奇迹"，对德国足坛乃至对整个德国社会都有着深远的影响。但这个奇迹在今天也却也受到了人们的质疑：

2013年8月，柏林洪堡大学一份《20世纪50年代至今德国禁药史》引起了轩然大波。该报告指出，前联邦德国政府曾经有计划地鼓励并安排运动员服用药物来取得好成绩，其中前联邦德国足球队夺得的两次世界杯冠军都有可能受到了药物的影响。报告显示，"伯尔尼奇迹"很可能是禁药的产物。报告称，除了1970年的联邦德国队外，1960年的欧洲冠军杯决赛参赛队法兰克福以及1974年夺得世界杯冠军的联邦德国队都服用了禁药，其中就包括当时的国家队队长贝肯鲍尔。面对注射药物的要求，只有少部分球员选择了拒绝。德国奥委会和联邦议院体育运动委员会已宣布将彻查此事，并承诺将还给公众一个"不被掩盖的真相"。

四、1958年瑞典世界杯——
哥德堡的悲歌

作为卫冕冠军，联邦德国队与东道主瑞典队获得了直接晋级的资格。在小组赛中，联邦德国队与阿根廷队、捷克斯洛伐克队以及北爱尔兰队同组。但与四年前相比，这支联邦德国队已经有了不小的变化，年纪最大的队长弗里茨·瓦尔特出生于1920年9月，已经几乎38岁高龄，而后防小将施内林格才刚刚度过自己的19岁生日。弗里茨·瓦尔特是世界杯开始之前3个月才重返国家队的，从1956年11月到1958年3月期间，弗里茨·瓦尔特都处于半退休状态，没为德国队踢过一场比赛。但赫尔贝格迫切需要一名能为锋线上的席勒输送弹药的球员，于是他找到了自己最心爱的弟子。弗里茨·瓦尔特后来说："赫尔贝格用了所有的手段来游说我，我很难拒绝他的邀请。"

除了弗里茨·瓦尔特之外，赫尔贝格还请回了拉恩。与很多德国球员一样，拉恩有酗酒的不良嗜好，1957年年底，拉恩甚至因为酒驾和拒捕而遭遇了两周的牢狱之灾。德国足协因此将其禁赛，赫尔贝格是花费了极大的努力才使得拉恩重返国家队，而拉恩到球队的第一个任务不是和球队一起进行技战术的演练，而是减肥。

首战联邦德国队遭遇阿根廷队，联邦德国队的阵容中有4名参加过1954年世界杯的球员，中锋的位置上席勒完成了自己在世界杯上的首秀，他共代表联邦德国队参加过4届世界杯。本场比赛被延迟了一段时间才开始，因为当值英格兰主裁判发现，阿根廷队的蓝白相间的队服与联邦德国队的白色球衣放在一起实在太难分辨了，后来阿根廷队球员不得不找马尔默俱乐部借来了他们的金色球衣。

联邦德国人以自己习惯的方式开始了世界杯之旅——自己给自己制造麻烦：开场2分钟，联邦德国队就已经以0比1落后于夺冠热门阿根廷队了，但好在减了肥的拉恩依然威力无穷，他在半小时后联邦德国队扳平了比分。第40分钟，首次参加世界杯的席勒斩获了自己在世界杯上的首粒进球，终场前11分钟，拉恩的射门为联邦德国队锁定3比1的胜局。阿根廷人虽然技术精湛，但在凶悍的联邦德国队面前，他们的弱点也很明显：速度太慢，同时对抗能力并不强。

次战联邦德国队对垒首轮以0比1负于北爱尔兰的捷克斯洛伐克队，后者全力以赴要取得比赛的胜利。上半场是捷克斯洛伐克队的天下，他们以2比0领先，但下半场德国队再次展示出了顽强不屈的战斗品质，第59分钟，沙费尔将比分扳成1比2，第70分钟，拉恩的射门使得联邦德国队艰难的得到了一分。赛后赫尔贝格给予了球员很高的评价："或许除了1954年以6比1击败奥地利之外，这是联邦德国队所打得最好的比赛之一。"

不过，关于联邦德国队的第一个进球，也在赛后引起了不小的争议。因为捷克斯洛伐克方面认为，本方的门将已经接住了皮球，却被沙费尔连人带球撞进了球门。当值主裁判艾利茨表示自己很清楚地看到了整个进球过程。他后来手写了一份说明给了媒体："捷克门将跃起在空中接住了球，背对进攻方，在他转过身之前，球已经过了球门线。"在这份说明中，根本没提到沙费尔的冲撞。

小组末战对北爱尔兰队，联邦德国队只需平局就能出线。北爱尔兰队在比赛中两度领先，但拉恩在第20分钟，席勒在第

79分钟两度为联邦德国队扳平了比分，后者也开始向人们展示自己闻名于世的倒勾射门。

联邦德国队四分之一决赛的对手是南斯拉夫队。在这场比赛之前，赫尔贝格对自己的球员咆哮说："我受够了你们，你们总是被对手先进球，难道你们不能想办法先攻破对手的球门吗？"或许赫尔贝格的咆哮起了作用，对南斯拉夫的比赛，是联邦德国队本次世界杯上唯一未被对手破门的比赛。拉恩在第12分钟的小角度射门，帮助联邦德国队挺进了下一轮，也证明了赫尔贝格选择这个曾经超重的胖子是个明智的决定。

德瑞交恶

半决赛联邦德国队遭遇了东道主瑞典队。东道主在赛前出了不少"阴招"，比如，联邦德国队下榻的旅馆中，饮用水竟然是咸的。此外，球员受到干扰，一直不能好好休息。联邦德国队的球迷也遭遇了很搞笑的事件——赛前定好的票突然被告知没了，后来在联邦德国足协的斡旋下，才有1000名联邦德国球迷拿到了球票。

尽管德国队早就做好了打一场艰苦比赛的准备，但球场的情况还是震住了联邦德国人：现场的大喇叭在指挥着拉拉队喊着加油声，那声音惊天动地，还有无数人在场外挥舞着旗帜。瑞典人在前20分钟赢得了6次角球①，但这次率先破门的是联邦德国队，第24分钟，沙费尔接席勒的传球为联邦德国队率先进球，之后，联邦德国有一个很好的点球机会。不过，当值的匈牙利主裁判佐尔特拒绝判罚——联邦德国队赛前就提出抗议：考虑到1954年世界杯决赛联邦德国队曾经击败匈牙利队，因此不应让匈牙利裁判执法这场比赛，但国际足联未做出换裁判的决定。拒判点球只是联邦德国队在比赛中吃的一点小苦头，第32分钟，利德霍尔姆手球，佐尔特示意比赛继续，瑞典人趁机扳平了比分。

下半场开场阶段，联邦德国队占据了上风。第59分钟风云突变，联邦德国后防球员尤斯科维亚克被对方球员哈姆林侵犯，盛怒之下的联邦德国人报复了对手，因此被红牌罚下，联邦德国队只能以少打多。可这还不是最糟糕的事情，第75分钟，瑞典队的帕林踢伤了弗里茨·瓦尔特，联邦德国队只能以9打11。东道主当然不会放弃这样的大好机会，瑞典队在第81分钟和第88分钟连进两球，淘汰了卫冕冠军联邦德国。38岁的瓦尔特再也没有从脚踝受伤中恢复过来。因此，对阵瑞典，成为

①角球，是指足球比赛中皮球被守方碰出底线后重新开始比赛的一种方法。角球可以直接射入对方球门而得分。

这名传奇队长代表联邦德国队所打的最后一场国家队比赛。而本场比赛的匈牙利裁判佐尔特，在之后的7年时间里没有参加过任何国家队级别的比赛。

尽管联邦德国拥有这届世界杯31场比赛的直播权，但具体转播哪场比赛，是由国际足联决定的。半决赛国际足联选择直播的场次是巴西队对法国队，因此很多球迷并没在第一时间看到联邦德国队的失利。不过，联邦德国媒体始终认为，哥德堡的这场失利，是一场"丑闻"。联邦德国的一本杂志赛后写到："我们对瑞典人做过什么吗？两次世界大战，从来没有联邦德国士兵踏上瑞典的土地。"

这场比赛之后，很多联邦德国酒吧门口都挂出了"瑞典人不受欢迎"的牌子，瑞典人到联邦德国旅游，汽车轮胎被放气，加油站和饭店都拒绝为他们服务。在瑞典，也发生了数起联邦德国人与瑞典人的冲突事件。两国之间的体育关系一直非常紧张，1962年世界杯预选赛，瑞典队与瑞士队在西柏林进行一场附加赛，结果可想而知，全场都是联邦德国球迷给瑞士队的加油声，瑞典队以1比2告负遭淘汰。

两队之间的恩怨，一直持续到1974年德国世界杯。联邦德国队在第二阶段小组赛以4比2击败了瑞典，才解决了两队长达16年的足球冲突。很多联邦德国球员表示，1974年世界杯上打得最好的比赛，不是决赛击败荷兰队，而是击败瑞典队的这场比赛。

但也有很多联邦德国人并不认为瑞典队的胜利很肮脏，赫尔贝格就是其中之一，他认为瑞典是一支顶尖球队，他们的胜利是"应得的"。拉恩也在自己的自传中写到："当瑞典人将比分改写为2比1，接着是3比1的时候，我心中唯一的疑问就是他们怎么花了这么长时间才做到这点。"他称瑞典人对瓦尔特的犯规是"一次碰撞"。至于尤斯科维亚克的被罚出场，拉恩写到："即便尤斯科维亚克还在场上，哈姆林也会找到过掉他的方式。"

在经历了与瑞典的一场激战之后，联邦德国队在季军争夺战中士气很低落，对手法国队则决心证明自己。事实上，法国队除了在半决赛中被巴西队击败之外，一直都表现得非常出色。赫尔贝格除了要面对球队低落的士气之外，还被球队的缺员困扰着：尤斯科维亚克被禁赛、席勒受伤、弗里茨·瓦尔特只能躺在病床上，门将也有伤。不可能指望这样一支联邦德国队有出色的发挥。19岁的施内林格完成了在世界杯上的处子秀，这名后来转会意甲AC米兰的球员，是第一名在海外取得成功的联邦德国球员，他跟随着米兰队赢得了意甲冠军、意大利杯冠军、欧洲冠军联赛冠军和欧洲优胜者杯的冠军。杰斯切拉克、拉恩和沙费尔分别于第18分钟、第52分钟和第84分钟进球，但这三个进球也无法挽救卫冕冠军的失利，法国队的方丹在比赛中上演了大四喜，帮助法国队以6比3击败了联邦德国队。联邦德国队的惨败，也成全了方丹成为本次世界杯的最佳射手。方丹成为在世界杯上每场比赛都有进球的球员，他的13个进球，创造了单届世界杯的进球纪录。

世界杯英雄——弗里茨·瓦尔特

弗里茨·瓦尔特原名叫做弗里德里希·瓦尔特，1920年10月31日出生在凯泽斯劳滕。他是"伯尔尼奇迹"的代表性人物之一，在1958年世界杯上，他帮助德国队获得了第三名。弗里茨·瓦尔特被认为是德国队足球历史上首位传奇巨星及领袖人物。

弗里茨·瓦尔特有两个弟弟——路德维希·瓦尔特和奥特玛·瓦尔特。这兄弟三人都曾代表凯泽斯劳滕参加过比赛。奥特玛更是与弗里茨共同参加过1954年世界杯，是夺冠的主力球员，也谱写了德国足坛一段兄弟捧杯的佳话。

弗里茨的父母是凯泽斯劳滕俱乐部餐馆的管理者，弗里茨·瓦尔特很早就从凯泽斯劳滕俱乐部得到了一份年轻球员合同。在他17岁顺利成为凯泽斯劳滕一线队的球员之前，他一直在接受银行职员的职业培训。瓦尔特的出色球技，吸引了当时很多大牌俱乐部的注意，比如国际米兰和南锡，还有当时的巴黎竞技与马德里竞技。成名之后，马德里竞技曾经给瓦尔特开出了一份为期两年、年薪25万马克的合同，但是被弗里茨·瓦尔特拒绝了。弗里茨·瓦尔特的太太希望他能一直留在自己的家乡，为凯泽斯劳滕效力，弗里茨·瓦尔特听从了太太的建议。弗里茨·瓦尔特在为凯泽斯劳滕出战的384场比赛中，总共打进了327个球，这是一个非常了不起的数据，要知道他在凯泽斯劳滕的位置并非是前锋，而是一名中场球员。

弗里茨·瓦尔特的出色表现，自然引起了国家队主帅赫尔贝格的注意。弗里茨·瓦尔特在1940年7月14日，代表德国队打了第一场国家队比赛。在这场比赛中，弗里茨·瓦尔特几乎是不可阻挡的，他上演了"帽子戏法"，帮助德国队以9比3击败了罗马尼亚队。

不幸的是，战争开始了。国家队主帅赫尔贝格用了最大的努力去保护自己的球员，1940年，弗里茨·瓦尔特入伍，并作为一名步兵被分配到法国、撒丁岛等远离战火的国家和地区，弗里茨·瓦尔特甚至能在士兵中组织自己的"红猎人队"继续踢球，但后来他不幸成为苏联人的战俘。在罗马尼亚战俘营进行的一场足球比赛中，弗里茨·瓦尔特与同是战俘的匈牙利人和斯洛伐克人同场竞技，现场观战的苏联指挥官舒科夫也是一名球迷，舒科夫非常欣赏弗里茨·瓦尔特的球技，并在随后将战俘转移至西伯利亚的过程中，一直保护着弗里茨·瓦尔特和他的弟弟路德维希·瓦尔特。舒科夫一直对外宣称，瓦尔特兄弟是萨尔自治领的人，而不是德国人。这使得兄弟两人能在1945年10月重返凯泽斯劳滕。

重返联邦德国的弗里茨·瓦尔特成为了凯泽斯劳滕的主力。1948年10月，也就是弗里茨·瓦尔特重返德国三年之后，他和女友完婚，国家队主帅赫尔贝格是其证婚人。1951年，赫尔贝格将弗里茨·瓦尔特重新招入国家队，并将队长的袖标交给弗里茨·瓦尔特。事实上，在弗里茨·瓦尔特参加瑞士世界杯的时候，已经34岁了，但他和赫尔贝格情同父子，赫尔贝格深信弗里茨·瓦尔特能在他34岁的时候创造奇迹。而弗里茨·瓦尔特也确实做到了：在半决赛以6比1击败奥地利队的比赛中，弗里茨·瓦尔特进了两球，作为联邦德国队的队长，弗里茨·瓦尔特率领队友创造了"伯尔尼奇迹"，联邦德国队扳平一球，正是来自弗里茨·瓦尔特的助攻。

世界杯后，他也成为了与普斯卡什和柯奇士一样举世皆知的球员。德国历史学家菲斯特曾经提出3个"联邦德国框架之父"，正是他们为二战后联邦德国的发展提供了坚实的基础。这三个人分别是：政治家阿登纳，他是二战后联邦德国的第一任总理；政治家和经济学家艾哈德，他担任过联邦德国经济和劳动部长，并在1963年成为德国总理；第三个人就是弗里茨·瓦尔特。

1956—1958年期间，弗里茨·瓦尔特只参加过4场国家队比赛。他原本希望退出国家队，但赫尔贝格还是带他参加了瑞典世界杯。尽管这时的弗里茨·瓦尔特已经不是队长，但他的作用依然无法替代。1958年世界杯半决赛重伤之后，弗里茨·瓦尔特就再也没有入选过联邦德国队。在他代表联邦德国队所参加的61场比赛中，弗里茨·瓦尔特总共进了33球，这一纪录直到1966年3月才被席勒打破。

为了纪念弗里茨·瓦尔特对德国足球和对凯泽斯劳滕的贡献，1985年11月2日，凯泽斯劳滕的贝岑山体育场正式被命名为弗里茨·瓦尔特体育场。前德国总理约翰内斯劳是这样定义弗里茨·瓦尔特的一生的："他让德国更加多姿多彩，他作为球队的灵魂，率领球队实现了'伯尔尼奇迹'，无数的德国人为此欢欣鼓舞。他是足球场上的楷模，他公平竞赛的精神和谦虚的性格成为人们的榜样。在他退役几十年后，依然是人们的偶像，这是其他德国运动员无法做到的。同样，弗里茨·瓦尔特退役后，在赫尔贝格基金会为少年犯所做的工作，也是值得人们钦佩的。"

1970年，弗里茨·瓦尔特被联邦政府授予大十字勋章，以表彰他对德国社会的贡献。

五、1962年智利世界杯——失败促新生

　　由于联邦德国队没有参加1960年欧洲杯的比赛，这也意味着，在参加智利世界杯之前，联邦德国队只打过四场真枪实弹的比赛，也就是对北爱尔兰队、希腊队的四场世界杯资格赛的较量，剩下的都是一些无关痛痒的友谊赛。这四场比赛联邦德国队取得了全胜，进11球丢5球，除了第一场比赛在贝尔法斯特遇到点麻烦，以4比3险胜北爱尔兰队之外，剩下三场球都是波澜不惊：客场以3比0击败希腊队，主场以2比1再胜北爱尔兰队，主场以2比1胜希腊队，稳居小组第一出线。民主德国队则

没有那样幸运了，他们同匈牙利队和荷兰队一组，匈牙利人笑到了最后，民主德国队只获得了小组第二名，未能晋级。

在赫尔贝格看来，这次世界杯，联邦德国最缺少的就是经验。在这种情况下他第一个想起的就是自己的队长弗里茨·瓦尔特。1961年年中，赫尔贝格专程去看望了瓦尔特，这时候瓦尔特已经40岁了，两年没打过比赛。赫尔贝格给了他张纸条，上边只有这样几个字"Uwe Seele（FW）"（中锋席勒）。瓦尔特了解赫尔贝格的想法，老帅希望他能如上届世界杯那样出山，去帮助席勒进球，但瓦尔特还是拒绝了赫尔贝格。未能带瓦尔特去参加智利世界杯成为赫尔贝格最大的遗憾。

小组赛阶段联邦德国队与东道主智利队、意大利队以及瑞士队同组。首战联邦德国队的对手是意大利队，意大利队可以说是南美人最不喜欢的球队之一。因为在那个时代，很多南美洲出色的球员被意大利人挖走。比如1958年巴西世界冠军队的成员阿尔塔菲尼（Alias Altafini）、阿根廷球员西沃里。能容纳40000人的球场挤进了65000人，绝大多数站在了联邦德国队这一边。只可惜运气没有站在联邦德国队一边，开场12分钟，席勒的射门击中横梁弹出。此后联邦德国队再无良机，意大利人也不如人意，双方0比0互交白卷。

次战联邦德国队在圣地亚哥以2比1击败了老迈的瑞士队，

布吕尔斯在第45分钟为联邦德国队首开纪录，第59分钟席勒将比分改写为2比0，瑞士人第73分钟利用联邦德国队门将法里安的失误扳回一球，联邦德国队以2比1取胜。但这场比赛实在没什么值得炫耀的，因为瑞士队的艾希曼在第45分钟时候受伤下场，瑞士队整个下半场只能10人应战。

小组最后一场比赛，联邦德国队对阵东道主智利队。智利人四天前刚刚与意大利队进行了一场"世界杯历史上最丑陋的比赛"，能量已经差不多耗尽，况且两战全胜的智利队已经提前获得了出线，所以对本场比赛兴趣并不大。为了稳妥起见，赫尔贝格本场比赛只启用了3位前锋（通常是4位前锋）。席勒在第21分钟制造了一个点球，斯基马尼亚克主罚命中。领先的联邦德国队组织了顽强地防守。当然，也有人说赫尔贝格在他所执教的最后一次世界杯中战术保守，他用7名球员用来防守的方式，也被联邦德国媒体嘲笑。联邦德国队坚持到了比赛的最后10分钟，智利队兰达的射门击中门框，联邦德国队则在两分钟后发动反击，席勒一个漂亮的飞身冲顶使得联邦德国人以2比0赢得比赛，并夺得了小组第一名。

但夺得小组第一名在这届世界杯上可并不是一个好兆头。因为在接下来的四分之一决赛中，四个小组第一有3个饮恨出局：苏联队以1比2负于东道主智利队，捷克斯洛伐克队以1比0

击败了匈牙利队，联邦德国队也未能幸免，以0比1输给了南斯拉夫队。只有巴西队成为唯一一个晋级的小组第一，他们以3比1击败了英格兰队。

这已经是联邦德国队连续第三次在世界杯四分之一决赛遭遇南斯拉夫队了，1954年联邦德国队凭借对手的乌龙和拉恩的进球以2比0取胜，1958年联邦德国队同样是依靠拉恩的进球淘汰了对手。南斯勒夫主帅洛夫里奇赛前说："只要想想又要和联邦德国队打比赛我就快得病了。"但事不过三，1962年的联邦德国队，赫尔贝格手里也没有了拉恩，再加上他的保守，失利在所难免。

赫尔贝格的得意门生瓦尔特在现场观看了这场比赛。上半场，巴尔干人的攻势打得非常出色，但联邦德国队的后防线在施内林格的率领下频频化险为夷。在半场结束前联邦德国队只有一次真正有威胁的进攻：席勒开场2分钟的射门击中门框弹出。下半场，席勒头部受伤，只能缠着绷带继续比赛，联邦德国队的攻势愈来愈疲软，只能依靠混凝土防守[1]与对方对抗，南

①混凝土防守，是指全队成员都要防守。包括前锋都要有防守意识，前锋、边前卫、边后卫实施区域防守。双后腰中一个实施区域防守，占住位置阻断对方传球路线，为后防线提供保护，另一个一般采取盯人紧逼防守，影响对方拿球控球。中、后场之间空隙很小，尽量压缩对方可利用空间，如果一人上抢，马上有队友补位，配合十分默契，形成一个完整的防守体系，所以叫混凝土防守。

斯拉夫队也没有什么有效的手段，场面很是乏味。就在人们以为比赛会进入加时赛的时候，第85分钟，贾里奇突破舒尔茨的防守传中，拉达科维奇在门前7米处射门，联邦德国队门将法里安无计可施，联邦德国队惨遭绝杀。

艰难的职业化之路

联邦德国队是1958年世界杯的四强，1962年则只打进了前八。连续两届世界杯的惨淡战绩，使联邦德国足协做出了改革的决定。早在1949年，科隆足球俱乐部的董事长克雷默就提出过建立全国性职业联赛的问题。然而联邦德国足协对于职业足球能否适应市场经济顾虑重重，很多反对者认为，职业球队将无法承受财政的压力。因此，1958年在法兰克福召开的联邦德国足协特别会议上，创建职业化德甲联赛的努力宣告失败。

事实上，在这个时间，联邦德国职业联赛的步伐已经远远落后于欧洲许多国家了：1954年，国际米兰队就曾经给席勒开出过一份50万马克签字费外加155000马克的合同。或许如今看来这笔钱并不多，但当席勒将国际米兰队的报价告诉赫尔贝格的时候，国家队主帅严肃地把这个数字记到了笔记本上。席勒最终没有离开汉堡。但是6个月之后，他的队友斯图莫尔加盟了FC苏黎世队，拉恩加盟了荷甲的特温特队，年薪10万马克，斯基马尼亚克从卡尔斯鲁厄队加盟到了意大利的卡塔尼亚队，哈勒正与意大利的博洛尼亚队谈合同……此时联邦德国联赛的体制已经远远落后。直到1960年，还有74支球队在北部、西部、西南部、南部和西柏林赛区进行着分区联赛，各个赛区的领头羊可以参加联邦德国冠军的争夺。这并非赫尔贝格一人之力能解决的。赫尔贝格只能联系克雷默以及之前我们曾经提到过的萨尔足协主席纽贝格进行四处游说。

1960年，纽贝格所领导的萨尔足协，再次提出了建立顶级联赛的动议，而伴随着联邦德国队1962年在世界杯上出局，这一建议被迅速提上了议事日程。联邦德国队于6月10日出局。7月28日，各联邦州的足协代表就在多特蒙德威斯特法伦会议中心金色大厅举行了联邦德国足协全体会议，下午5点45分，会议最终以103票赞成、26票反对的结果，通过了在1963—1964赛季进行新德甲联赛的决议。这比意大利和西班牙的职业联赛晚了34年，比英格兰的职业联赛整整晚了75年。

事实上，直到1962年的上半年，很多足协的代表还对改革不以为然，但发生在1962年上半年的一系列事件，使得他们意识到改革是不可避免的。首先是在冠军杯上，纽伦堡队在主场以3比1击败了葡萄牙巨人本菲卡，俱乐部为了庆祝这一了不起的胜利，还给球员们每人颁发了50马克的奖金。但好景不长，回到里斯本，"黑豹"尤西比奥率领球队6比0重创德甲冠军；3个月之后，在德甲冠军的争夺战中，夺得南部分区冠军的纽伦堡队又以0比4完败给了克雷默所管理的科隆队。这一切再加上联邦德国队在世界杯上的惨败，最终促成了改革的诞生。

1963—1964赛季开始的德甲联赛共设16支参赛队，其中西部和南部联赛各有五支球队入围，北部有三个名额，西南部有两个指标，西柏林地区一个指标。球队的战绩和经济实力将对参赛资格产生决定影响，但每个城市只能拥有一支球队入围的决定则受到广泛批评，这也使得拜仁慕尼黑这样的球队，无法从一开始就参加职业联赛。德甲联赛的16支创始队分别是来自北区的布伦瑞克、不来梅、汉堡；西部地区的多特蒙德、科隆、杜伊斯堡、明斯特、沙尔克04；西南部的凯泽斯劳滕与萨尔布吕肯；南部的法兰克福、卡尔斯鲁厄、纽伦堡、慕尼黑1860与斯图加特以及来自柏林的柏林赫塔。

与此同时，为了确保职业联赛各队不会悬殊过大，联邦德国足协也规定了相应的工资标准：每月最高基础工资500马克，但可以有700马克的奖金，这意味着球员一个月最高可以收入1200马克。当然也有一些个案，足协规定国家队球员能享受特殊待遇，每个月的薪水能达到2500马克。球员的最高转会费也被"封顶"，最高5万马克，其中20%可以进入球员个人腰包。"工资封顶"和"转会费封顶"制度，在联赛之初保证了球队之间的悬殊不会过大，但随着职业化的深入，最终酿成了1971年的贿赂丑闻。

1963—1964赛季，新的德甲联赛终于启动了，首个赛季，职业化最彻底的科隆队，以6分的优势压倒了杜伊斯堡队获得了联赛冠军。但在接下来的一个赛季，德甲联赛遭遇了首次重大危机。柏林赫塔由于违反规定擅自提高球员工资而被取消参赛资格，俱乐部也因此被勒令降级至第二级别的地区联赛。此时，按联赛成绩本应降级的两支球队卡尔斯鲁厄和沙尔克04提出申诉，声称各有2场比赛是在柏林赫塔暗中给球员加薪的刺激下输掉的，拒不降级。于是，联邦德国足协做出妥协，宣布将德甲联赛的参赛球队数量增加至18支，并暂停降级一个赛季。

尽管困难重重，但全新德甲联赛还是艰难起步了。而在终于如愿促成联邦德国足球职业化改革之后，1964年，老帅赫尔贝格选择了从国家队隐退。赫尔贝格开玩笑说："我必须在1966年之前退休了，否则你们一定会担心我把44岁的弗里茨·瓦尔特带到英格兰。"赫尔贝格的助手舍恩成为了国家队主帅。但事实上，一直到1966年世界杯上，被球员们尊称为"老板赫尔贝格"的影响无处不在。赫尔贝格在教练生涯中除了运动上的成功，他的语录亦甚为经典，为众人所熟知。诸如"足球是圆的"、"下一场比赛（下一个对手）永远是最难对付的"、"足球是90分钟的比赛"、"比赛总是一场接着一场的"等。

直到1977年赫尔贝格80岁高龄的时候，他对足球的热情依然不减。1977年4月27日，他还和联邦德国队主帅舍恩通电话，讨论当晚联邦德国队与北爱尔兰队友谊赛的战术安排。赫尔贝格开始是在电视机前观看比赛，但他后来感到胸口痛，私人医生随即叫了救护车。由于联邦德国队已经完全控制了比赛（最终联邦德国队以5比0取胜），因此赫尔贝格同意离开。他告诉自己的妻子艾娃说："把我的外套给我，相信我，我会回来的。"不幸的是，这次他错了。次日清晨，赫尔贝格因肺炎医治无效逝世，享年80岁。这名将自己的一生都奉献给联邦德国足球的老人被埋葬在巴登州的小城薇恩海姆。下葬时，他所穿深蓝色外套的胸口上绣着联邦德国足协的徽章……

六、1966年英格兰世界杯——温布利进球

　　经过几年职业化的磨炼，联邦德国足球渐渐地走出了20世纪50年代末60年代初的低谷，远征英格兰的联邦德国队中，不但有席勒和施内林格这样的老将，还有年轻的贝肯鲍尔、奥弗拉特和门将迈耶。这是一些让人看到名字就忍不住要顶礼膜拜的名字，但在当年舍恩的手下，这些大名鼎鼎的球星还不过是一批毛头小伙。

　　其实要接过一支正处在低谷的国家队，是需要很大勇气的，而舍恩所要付出的努力，更是比一般人要大得多。接手国

家队不到4个月，舍恩就遭遇飞来横祸：席勒脚踝韧带撕裂。这
是发生在1965年2月中旬的"惨案"，在当时很多人看来，席勒
完蛋了——在那个年代，脚踝韧带撕裂就意味着退役，就意味
着职业生涯结束，席勒已经29岁了，没人认为他能重返赛场。
席勒是那个时代联邦德国足坛最出色的球员，他的受伤，就像
让勒夫同时失去了诺伊尔、拉姆、施魏因斯泰格和穆勒。

　　席勒这次受伤是在和法兰克福的后卫莱希纳的一次对抗中
发生的。他后来回忆道："我觉得被狠狠地踢了一下，就像被
大象踢了一样。"莱希纳则在接受采访时郁闷至极地表示，自
己根本都没碰到席勒。莱希纳的说法得到了裁判和场边观众的
证实，他们说没看到莱希纳犯规，只是听到了一声什么，然后
席勒就惨叫了起来。后来法兰克福的队医给人们解释说："席
勒所描述的被人狠狠踢了一下，不过是在脚踝韧带撕裂瞬间所
感到的剧痛而已。"

　　消息传到法比安·舍恩在威斯巴登的家里，这名一向出言
谨慎的人说自己一下就遭遇了"致命的打击"。在接手国家队
之后，他确实为国家队做了很多努力。最重要的一点是，他游
说足协取消了对在意大利踢球球员的禁赛，因为当时，这些球
员被认为是"淘金者"、"雇佣兵"，像斯基马尼亚克、哈勒
和施内林格这样优秀的球员，就因为他们在意大利踢球，所以

已经有将近两年没能为联邦德国队效力了。在舍恩为此争辩得脸都要发绿的时候，足协的官员终于同意了他的请求，也答应不在为球员转会意大利队设置障碍。

1966年世界杯资格赛，联邦德国队与老冤家瑞典队以及塞浦路斯队分在一组。出线的前景非常明朗：击败瑞典即可，塞浦路斯注定是陪太子读书的角色。哈勒、施内林格等在意大利队效力的球员，最终在联邦德国队在柏林对阵瑞典队之前归队了。比赛于1964年11月4日进行，德瑞两国球迷在1958年世界杯期间结下的"仇恨"还远远没有化解，有75000名球迷到现场观战。第24分钟，为慕尼黑1860俱乐部效力的布伦恩迈尔为联邦德国队先拔头筹。比赛一直打到第86分钟还是联邦德国队领先。但不幸的是，瑞典队的哈姆林在终场前4分钟为客队扳平了比分——这让联邦德国球迷们感到愤怒了，又是哈姆林！6年前在哥德堡，就是他使得尤斯科维亚克被罚下，就是他在第88分钟将瑞典和联邦德国的比分拉大到3比1。6年之后，哈姆林又在几乎相同的时间，向联邦德国人射出了致命的子弹。平局的结果，意味着联邦德国队必须在斯德哥尔摩击败瑞典人才能确保晋级。

离1965年9月26日再战瑞典队还有7个月的时间，舍恩却得到了席勒重伤的消息，这真的宛如晴天霹雳。主场对阵塞浦路斯队，联邦德国队以5比0轻松取胜，但瑞典人也在主场3比0击败了塞浦路斯队，毫无疑问，德瑞之战将决定两个队的命运。舍恩尝试用汉诺威的雷格坎普顶替席勒，后者也的确在对瑞士队的友谊赛中进球了。但在接下来对巴西和英国两支强队的比赛中，联邦德国队却输了比赛，并且颗粒无收。事实非常清楚，舍恩需要席勒。舍恩后来说："我终于理解了为什么当年赫尔贝格那么需要弗里茨·瓦尔特了，席勒也一样，他是那种一个人就能改变比赛的球员。"

1965年的整个夏天，对席勒来说就犹如一场炼狱：他努力地减肥，以减少脚踝的负担，他在海边的沙滩上长时间的奔跑，柔软的沙滩能帮助他脚部肌肉的重塑，阿迪达斯勒为他专门设计了特别的鞋子，使他能够去参加比赛。8月28日，离德瑞之战还有4周的时候，席勒重返汉堡的首发阵容，他为俱乐部打了3场比赛，进了2球，但他显然还没恢复到最佳状态。汉堡的队医告诉舍恩，切勿在国际比赛中使用席勒。而国家队的按摩师在接受媒体采访时也添乱："要是我负责，我不会让席勒去比赛，你们见过席勒在比赛中跳过吗？"舍恩接手的，就是一个能跑但还不能跳的席勒。

贝肯鲍尔的崛起

除了席勒之外，还有一个问题深深地困扰着舍恩，那就是贝肯鲍尔的使用。贝肯鲍尔只代表联邦德国队打过一场，还是连友谊赛都算不上的训练赛，联邦德国队以0比1输给了切尔西。才华横溢的贝肯鲍尔深深地打动了舍恩。但是，用一名才刚刚20岁，还没有正式参加过国家队比赛的年轻球员，在异国的土地上去打一场生死攸关的决定性比赛是对是错？没有人能给舍恩答案。

9月26日，当联邦德国队出现在斯德哥尔摩的时候，席勒带上了队长的袖标首发，贝肯鲍尔同样出现在首发阵容中，而舍恩带给人们的意外还不止这两人，慕尼黑1860俱乐部的格罗瑟尔也出人意料的出现在球场上，而之前他从未代表联邦德国队踢过比赛。这就是舍恩的个人魅力，当然他也知道，如果比赛失利，他一个人将承担全部责任。

比赛的紧张激烈的程度几乎让人窒息：第44分钟，瑞典队传中[①]，联邦德国门将蒂尔科夫斯基出现判断失误，永松为

①传中，足球运动技术术语。它是指足球运动员在对方禁区两侧向禁区内传球帮助前锋完成射门的技术动作。

主队瑞典队率先破门得分。但联邦德国队很快给予反击。第45分钟，席勒接施内林格的传球妙传布伦恩迈尔，瑞典门将扑出布伦恩迈尔的射门，但克莱迈尔近距离补射为联邦德国队扳平了比分。下半场第9分钟，首次代表联邦德国队出战的格罗瑟尔右路突破后低平球传中，瑞典门将本有机会将球接住，但稳妥起见他选择了将球击出，可惜球正落在席勒脚下，这名"跳不起来的前锋"稳稳地将球送入了网窝，这个进球也终结了联邦德国队在瑞典不胜的尴尬纪录。在客场以6比0击败塞浦路斯队之后，联邦德国队顺利晋级，一支世界足坛的超级强队重新崛起了。

在欧洲区第六小组参赛的民主德国队则没有这样的好运，他们在客场以1比1战平奥地利队，在主场以1比1逼平匈牙利队，在客场以2比3于负匈牙利队，虽然最后一轮在主场以1比0击败了奥地利队，但也只是名列小组第二名惨遭淘汰。

艰难的晋级之路

1966年世界杯上，德国队与阿根廷队，西班牙队和瑞士队分在一个小组，这是一个实力强劲的死亡之组。联邦德国队在之前的热身赛已经取得了5连胜，常用阵形是"424"[①]，后防

① 424，足球运动比赛阵型的一种，由4名后卫、2名前卫、4名前锋排列而成。

线是迪特霍格斯、韦博、舒尔茨、施内林格，贝肯鲍尔坐镇中场，黑尔特和席勒突前，剩余的位置通常是在埃默里希、布吕尔斯、哈勒或者奥弗拉特之间做出选择，这几个球员都是既能打中场也能打前场的。而且不同于其他教练，舍恩对自己的球员有着特别的要求，胜利并不是第一位的，重要的是，必须在球场上像一名绅士，像一名真正的体育人。门将蒂尔科夫斯基说：“最重要的是留下好的印象，在球场上的表现和行为是最重要的。”

为了使球员能轻松地面对比赛，舍恩从1966年6月1日开始给球员放了3周假，所以当7月12日小组赛开始时，瑞士队面对的是一支如狼似虎般渴望比赛和胜利的联邦德国队，而这支联邦德国队绝对没给瑞士人留下什么“好的印象”：黑尔特在第15分钟为联邦德国队首开纪录，哈勒5分钟后将比分扩大为2比0，贝肯鲍尔在第39分钟和第52分钟梅开二度，第77分钟哈勒主罚点球命中将比分锁定为5比0。英格兰的《每日镜报》在评价这场比赛时说：“如果能展示一支比这支德国更出色的球队，那一定是世界冠军。”

不过这个结论显然有些过早了，在第二场对阵阿根廷的比赛中，两队仅仅是以0比0平分秋色。开场两队的进攻都是浅尝即止，阿根廷人控制了皮球，而联邦德国队则通过防守反击威胁对方球门，联邦德国队两次击中门框，阿根廷队的阿尔布莱希特在第65分钟被罚下，但比分牌依然固执地保留在0比0上。整场比赛阿根廷人只有一次有威胁的射门，但被蒂尔科夫斯基拒之门外。英格兰媒体于是换了另外一种口吻形容联邦德国球员，贝肯鲍尔被描述成"冷淡而傲慢"，而哈勒则是"缺少斗志，没有进攻欲望。"

在小组末战对阵西班牙之前，阿根廷队已经以2比0击败了瑞士，以2胜1平的战绩晋级，联邦德国队要想获得小组第一，就必须击败西班牙队。在去球场的路上联邦德国队遭遇车祸，两辆车中的一辆与一辆货车相撞，领队雷米克骨折被直接送往医院。万幸的是联邦德国球员所坐的专车没事，在简单的处理完之后直奔比赛场地。

惊魂未定的联邦德国队在第22分钟被对方球员福斯特攻破球门，而在进球之前，西班牙队明显的手球了。如果比赛失利的话，联邦德国队将提前打道回府。联邦德国队随后控制了比赛。让很多人感到惊奇的是，现场的英格兰球迷一直在给联邦德国队加油，尤其是第38分钟埃默里希为联邦德国队扳平比分后，全场欢声雷动。第48分钟，西班牙的佐科禁区内侵犯席勒，主裁判拒绝判罚点球。尽管如此，6分钟后，席勒还是打进一球帮助联邦德国队以2比1逆转，舍恩的球队以小组第一的身份晋级。而1964年欧洲杯冠军西班牙在小组赛结束就提前收拾行李走人了。

联邦德国队四分之一决赛的对手是乌拉圭队。这场比赛的激烈和丑陋，是举世皆知，这显然与舍恩追求的东西是大相径庭的。两名乌拉圭球员被英格兰裁判罚下，联邦德国队以4比0取胜，而在同时进行的另外一场四分之一决赛中，联邦德国裁判将阿根廷队罚下一人，帮助英格兰队以1比0击败了阿根廷队，也算是投桃报李了。连联邦德国球员都承认，在上半场的绝大多数时间，乌拉圭人掌控了比赛。如果南美人率先进球，或者比赛最后时刻他们还能以11人对11人的话，结果会如何真的是很难讲。相比之下，哈勒第11分钟的远射得分，让人颇有天上掉馅饼的感觉。

比赛的转折点发生在第49分钟，特洛谢因为在场上故意侵犯埃默里希被罚下，在路过席勒的时候，他还给了席勒一记耳光。5分钟后，席尔瓦铲翻哈勒同样吃到了红牌。11打9的联邦德国队当然不会放弃这样的机会，第70分钟，贝肯鲍尔在反击中得手；5分钟后，席勒再下一城。以3比0领先之后，已经有联邦德国球迷挥舞着旗帜跳进场中欢庆胜利了。第84分钟，哈勒的进球将最终的比分定格为4比0。

半决赛联邦德国队对阵苏联队。当时还只是联邦德国替补门将的迈耶，终于在赛场上见到了自己的偶像——37岁的雅辛。本场比赛，联邦德国队的边后卫迪特霍格斯因伤无法出场，法兰克福的鲁特完成了自己在世界杯上的处子秀。赛前媒体稍稍看好德国，当时的国际足联主席劳斯预测舍恩的球队会以3比1取胜。

联邦德国队开场就主宰了比赛，迫使雅辛多次做出精彩扑救。第44分钟，哈勒的进球帮助联邦德国取得领先，下半场刚刚开场2分钟，苏联队的切斯连科侵犯黑尔德被罚下。贝肯鲍尔在第68分钟将比分扩大为2比0。苏联队在第88分钟扳回一球却于事无补。联邦德国队昂首进军温布利。

温布利之战与温布利进球

英格兰人已经很久没有进入大赛的决赛了，他们上一次打决赛，要追溯到1912年在斯德哥尔摩奥运会了。英格兰队兵强马壮，还有96924名观众为他们现场助威。舍恩则亟待解决两个问题：第一个问题是谁来为联邦德国队镇守国门——蒂尔科夫斯基在半决赛中肩膀受伤，只能忍痛坚持下去，替补门将迈耶也有伤，不来梅的本哈特则太缺少国际比赛经验；最终，舍恩还是选择了蒂尔科夫斯基。第二个问题是如何使用贝肯鲍尔。

是发挥他的进攻威力，还是让他去盯防博比·查尔顿？答案在比赛时揭晓了，贝肯鲍尔对查尔顿进行了全场贴身防守，查尔顿在这场比赛中并没有发挥太大作用。与此同时，舍恩安排施内林格去防守阿兰·鲍尔，而原本施内林格对位盯防的应该是赫斯特。

1966年世界杯是一次真正意义上的"世界杯"，有52个国家的4亿观众通过电视观看了比赛的转播，这也是第一次有彩色信号直播的决赛。在直播之前，联邦德国队先赢了一阵，他们得以在比赛中穿着传统的白色上衣作战，而英格兰人则不得不在世界杯上第一次穿上了他们的红色球衣参赛。

在熟悉的温布利球场，英格兰人很快发起了凶猛的进攻，但联邦德国人的反击也非常有威胁。尤其是席勒，虽然身材不高，但是他的灵活穿梭将英格兰的后防线搅得一团混乱。开场12分钟，哈勒利用英格兰队禁区内的一次解围失误冷射得分。6分钟之后，奥弗拉特在中场一次不必要的犯规送给对手任意球的机会，穆尔快速开出任意球，联邦德国队后卫的后防线还没来得及站好位，赫斯特门前5米头球破门得分。整个上半场，两队都在进行着高速的攻防转换，但1比1的比分并没有改变。

下半场，查尔顿希望能更多地投入到进攻中去，但贝肯鲍尔的贴身防守让他无计可施。贝肯鲍尔在这场比赛中很好地完成了对查尔顿的防守，这也是之前舍恩对他的安排，问题是当贝肯鲍尔将自己的全部精力都投入到防守中去了以后，联邦德国队的进攻就显得比较弱了，给对方造成不了什么威胁。第78分钟，迪特霍格斯铲球解围时没有踢远，彼得斯的劲射破门点燃了全场英格兰观众的热情。主队球迷已经在准备提前庆祝世界冠军到手了，但他们显然低估了联邦德国队的顽强。韦伯在终场哨响之前，将皮球送进了英格兰的球门。整个温布利大球场顿时一片死寂，英格兰人被不甘的拖进了加时赛。

历史将铭记这场比赛的第101分钟。阿兰·波尔右路传中，赫斯特抢前点劲射，皮球打在横梁上，又砸在门线上弹起，韦伯跃起头球顶出底线。当值瑞士主裁判迪恩斯特先是示意英格兰主罚角球，但苏联边裁巴赫拉莫夫示意皮球已经越过了球门线，迪恩斯特最终改判进球有效，联邦德国队抗议无效，英格兰队以3比2领先。这个充满争议的进球，被称为"温布利进球"。第120分钟，赫斯特完成了本场比赛个人的第三个进球，英格兰以4比2取胜，历史上第一次，也是迄今唯一的一次举起了冠军奖杯。

赫斯特如何打进的第四个进球，对很多人来说，如今已经不重要了，但对于"温布利进球"，即便通过如今最先进的计算机技术进行分析，也很难得出结论。那巴赫拉莫夫是依据什么做出判罚的呢？有多个版本流传，其中一个版本是巴赫拉莫夫后来表示，迪恩斯特只是跑过来问，是否看到进球了，巴赫拉莫夫说并没有看清球是否越过门线，迪恩斯特却已经做出了改判的决定，全世界的人都以为是巴赫拉莫夫影响了迪恩斯特的判罚，但实际情况则是巴赫拉莫夫根本不知道发生了什么事；当然还有第二个版本，1971年，巴赫拉莫夫写过一本书。他在书里说，自己确实没有看到皮球是否越过了球门线，但有一点非常肯定，他的确看到了球碰到了球网，他也据此做出了判罚。

不可否认，当年那场德英大战，在场上占据更多优势的的确是英格兰人。参加过那场比赛的联邦德国队队长席勒说："冠军的确是英格兰人应得的，我们接受那样的结果。整个世界杯对我们所有人来说，都是终身难忘的经历。"席勒的观点也代表了绝大多数联邦德国球员的看法，只有联邦德国队门将蒂尔科夫斯基对这个进球依然耿耿于怀。他自己解释说："我之所以如此在意，是因为这已经是我几周之内第三次在英格兰的土地上遭遇不公正的判罚了。先是在国家队，我们以0比1输掉了比赛，有个好球被吹无效；接着是在5月份，我在多特蒙德参加优胜者杯决赛，利物浦扳平的一球，在进球之前已经出界了，现在又在联邦德国队与英格兰队的比赛中出现了这样的判罚，确实让人很生气。不过无论如何，我和班克斯，赫斯特以及鲍尔都是很好的朋友。"

德英之战到这里似乎告一段落了。但事实上，在温布利的较量，只是德英之战在历史上的开场哨而已。1968年6月1日，联邦德国队在汉诺威以1比0击败了英格兰队，这仅仅是一场友谊赛。但是多年以后，贝肯鲍尔谈到了这场比赛："这是我们历史上第一次击败英格兰队，猜猜是谁打进了那个进球？是的，是我。也正是通过这场比赛，我们意识到我们真正有能力击败英格兰队。我们也真正地变得强大了。"

关于这场决赛，还有一个相当有争议的地方，那就是舍恩的排兵布阵是否有问题，尤其是牺牲贝肯鲍尔的攻击力去遏制查尔顿，是不是一个明智的选择。但这样的讨论并没有什么实际价值，只能是仁者见仁，智者见智，贝肯鲍尔在8年之后才真正地做到君临天下。

1966年7月6日，国际足联在伦敦宣布了1974年世界杯的主办国，联邦德国第一次获得世界杯的主办权。与此同时，1978年和1982年世界杯的东道主也一并确定。联邦德国和西班牙达成了协议，后者支持联邦德国申办1974年世界杯，而作为回报，联邦德国支持西班牙申办1982年世界杯，最终两个国家都得偿所愿，1978年世界杯的主办权则花落阿根廷。1930年，德国足协拒绝了国际足联的承办要求，德国足协也曾经申办过

1938年世界杯，但由于德国当时在纳粹的统治下，申办无疾而终。

世界杯结束之后，舍恩又率领球队踏上了1968年欧洲杯资格赛的征程。联邦德国队首战在主场以6比0击败阿尔巴尼亚队，接着客场远征南斯拉夫队，却意外的以0比1失利。主场再战南斯拉夫队，洛尔第11分钟为联邦德国队首开纪录，南斯拉夫队的萨姆巴塔将比分扳平，穆勒与席勒在第71分钟和第81分钟各进一球，联邦德国队以3比1完胜。这也意味着，只要在客场击败阿尔巴尼亚队，联邦德国队就能打进决赛圈的比赛。出人意料的是，联邦德国队在客场被阿尔巴尼亚队以0比0逼平，错失了出线机会。这是舍恩职业生涯中最大的失败之一，也是联邦德国队少有的缺席大赛决赛阶段的比赛。淘汰了联邦德国队的南斯拉夫队后来又淘汰了法国队和英格兰队一路杀进决赛，只是在决赛中负于主场作战的意大利队屈居亚军。民主德国队也未能从匈牙利队、荷兰队和丹麦队的包围圈中突围，名列小组第二，未能出线。

七、1970年墨西哥世界杯——屈居季军

在汉诺威击败英格兰队之后的两年又两周，贝肯鲍尔再次在对英格兰的比赛中进球，但这次不是友谊赛了，而是墨西哥世界杯的四分之一决赛，联邦德国队以3比2晋级。参加1970年世界杯的联邦德国队，要比1966年的联邦德国队还要强大：贝肯鲍尔已经成为核心，迈耶已经成为主力门将，"轰炸机"穆勒也已经起飞了。

资格赛中，联邦德国队在内策尔的率领下客场以2比0击败奥地利队，以1比0击败塞浦路斯队，在与主要竞争对手苏格兰

队的客场比赛中，穆勒为联邦德国队在半场取得领先，但苏格兰队终场前的进球使得两队以1比1握手言和。回到主场的联邦德国队凭借穆勒的进球以1比0小胜奥地利队，以12比0横扫塞浦路斯队，这一比分也创造了世界杯资格赛的最大赢球比分纪录，原纪录是匈牙利队在1938年创造的，以10比1击败希腊队。1969年10月22日，联邦德国队在汉堡以3比2击败苏格兰队，拿到了墨西哥世界杯的入场券，阔别国家队16个月之久的席勒重新披上了联邦德国队的战袍，这也使得这支联邦德国队更加强大。

时过境迁，席勒已经不是这支联邦德国队最主要的攻击点了，在联邦德国队预选赛阶段打进的20个球中，穆勒包办了9个，在6场资格赛中，穆勒每场比赛都至少有一球进账。但无论如何，席勒的回归，都起到了球队精神领袖的作用。可他的回归，也使得舍恩必须要面对一个问题，那就是在中锋位置上，联邦德国已经有了穆勒了。席勒自己做出了牺牲，他从前锋位置上回撤到中场位置，解决了这一矛盾。舍恩的做法，曾被媒体认为是一种妥协，但穆勒和席勒两个人在本次世界杯上一共打入了13球，证明了舍恩的选择并非完全是妥协的结果。

在欧洲区第三小组的比赛中，民主德国以两个回合2比1、3比1击败威尔士，但一平（2比2）一负（0比3）意大利，使得他们只能位居小组第二，无缘1970年世界杯。

尽管兵强马壮，但1970年舍恩的联邦德国队还是缺少了一名非常重要的球员——内策尔。舍恩说内策尔是因伤无缘世界杯的，事实也可能的确如此。因为在世界杯开赛之前几周，内策尔虽然已经能打联赛了，但都是带伤坚持作战的。不过，还有一个很重要的原因，是因为尽管内策尔才华横溢，却始终和舍恩不合拍。舍恩更喜欢像奥弗拉特这样中规中矩的球员，而不是像内策尔这样时不时玩些个人英雄主义的球员，这跟联邦德国队的整体技术风格也是格格不入的。

联邦德国队小组赛的对手是摩洛哥、保加利亚和秘鲁，这三支球队都很难对联邦德国队构成真正威胁。首轮上届亚军联邦德国队遭遇世界杯新军摩洛哥队，开场12分钟迪特霍格斯的失误使得对手以1比0领先。对墨西哥天气的不适应，再加上太紧张，使得联邦德国队在这场比赛的发挥中打了折扣。好在下半场联邦德国队逐渐找回了感觉，新老两代射手集体发威：第56分钟，队长席勒进球为联邦德国扳平了比分也稳定了军心；第78分钟，"轰炸机"穆勒为联邦德国锁定了胜局，联邦德国以2比1获胜。

对阵保加利亚队，舍恩对阵容做了微调，施林格尔顶替舒尔茨出任自由人，里布达顶替哈勒在右边锋的位置上首发，左前锋吕尔顶替了黑尔德。变阵后的联邦德国队又如对阵摩洛哥队一样早早的丢球了：第12分钟保加利亚队利用任意球率先破门得分。但这个进球也激怒了联邦德国队，8分钟之后，本场比赛表现出色的里布达就为联邦德国扳平了比分。穆勒在第27分钟和第52分钟梅开二度，席勒在第77分钟锦上添花，终场前2分钟，穆勒完成了本场比赛的"帽子戏法"，虽然保加利亚人在此后又追回一球，但已经于事无补了。

击败保加利亚队之后，联邦德国队实际上已经打进了四分之一决赛。本场比赛之前，由于秘鲁队以3比2击败了保加利亚队，3比0击败了摩洛哥队，由于净胜球的关系排名在联邦德国队之前。联邦德国队希望能击败秘鲁队，保住小组第一名，这样就能继续留在莱昂比赛而不用远征瓜达拉哈拉。全力以赴的联邦德国队终于不用再提心吊胆地在落后的情况下穷追猛打了，穆勒在上半场第19分钟、第26分钟和第39分钟连中三元，完成了"帽子戏法"，秘鲁队的库比拉斯虽然在第44分钟扳回一球，却无法阻止联邦德国队3比1取胜，联邦德国以小组第一名的身份晋级四分之一决赛。

四分之一决赛联邦德国队与老对手英格兰队狭路相逢，后者在小组赛中负于巴西，只是名列小组第二名。击败对手，报1966年世界杯失利的一箭之仇成为了所有联邦德国球员的心愿。但事实上，在小组赛最后一轮对阵秘鲁队之前，联邦德国球员就已经分成了两派：有相当一部分球员宁愿在淘汰赛阶段对阵巴西队，也不愿与难缠的英格兰队对抗。他们告诉舍恩："联邦德国队在小组赛中是表现出色，但和英格兰队相比明显是完全不同的档次。"舍恩当然不可能听取这些人的观点，只是要求队员竭尽全力去拿小组第一名。

在备战对英格兰队的比赛之前，球员斗志旺盛，却有些缺乏信心。舍恩发怒了，他把贝肯鲍尔推到一边："弗朗茨，你这场比赛还要再一次看着查尔顿。"在贝肯鲍尔说话之前，舍恩接着说："但我不是要你做他的护卫犬，打你自己的比赛，朝前压，让他跟着你。"

作为卫冕冠军，英格兰队的实力确实非常出众，比赛前20分钟，来自切尔西的门将博内蒂甚至都没有做出一次扑救。英格兰队的"442"阵形压得联邦德国人喘不过气来，而或许受1966年决赛失利的影响，联邦德国人有些放不开手脚。第31分钟，英格兰队的墨菲为卫冕冠军先下一城，下半场刚开始，彼得斯又趁着联邦德国队立足未稳，将比分扩大为2比0。对英格兰人来说，比赛看起来比1966年的那场决赛还要轻松一些。贝肯鲍尔后来回忆说："谁也不用怪，要怪只能怪他们自己。在前60分钟，我们根本没在比赛状态，英格兰队完全控制了比赛并且以2比0领先。事实上，除了这两个进球之外，他们本还有机会再打进两球的。我们完全不在状态。但英格兰人却放纵我们重新投入到了比赛中去，当我们打进了第一个球之后，整个情况就逆转了。"

第69分钟，为联邦德国队打进重现希望一球的就是贝肯鲍尔。终场前10分钟，席勒漂亮的头球将比分扳平。与4年前一样，英格兰人又在比赛的最后时刻被联邦德国队拖进了加时赛。席勒的进球，是用后脑勺顶进的，英格兰记者对此感到不可思议，在英格兰国家队长达98年的历史上，还是第一次在以2比0领先的情况下被对手扳平了比分，而第一个做到这个的，是联邦德国人。

历史没沿着4年前英格兰人取胜的轨迹发展，幸运女神这次站在了联邦德国人一边，穆勒第108分钟的进球，将卫冕冠军淘汰出局。没有温布利那样的争议，联邦德国队靠自己的努力，实现了逆转的奇迹，这也是本次世界杯上最戏剧性的比赛之一。如果没有接下来半决赛联邦德国队和意大利队的"世纪之战"，那么这场半决赛也许会成为本次世界杯上最精彩的比赛。值得一提的是，这场对英格兰队的胜利，也是联邦德国队在世界杯历史上，唯一的一次打到延长期后没经过点球就击败了对手的比赛。

永恒的"世纪大战"

1970年世界杯半决赛是真正重量级的对话，这也是世界杯历史上首次出现半决赛全部是世界冠军的局面：巴西队、意大利队和乌拉圭队都曾经两次夺得世界杯，联邦德国队虽然只夺得过一次，但毕竟是上一届的亚军，况且刚刚在四分之一决赛中淘汰了卫冕冠军。人们本希望半决赛成为南美洲与欧洲的对抗赛，但抽签的结果却成了欧洲的内战。

很难用笔墨去形容联邦德国队与意大利队的这场半决赛的较量。这是一场真正梦幻般的对决，一场世界杯历史上最经典、最传奇的战役。在与英格兰队强强对决了三天之后，联邦德国队在墨西哥城的阿兹台克球场迎来了意大利人，两队都是第一次在这个球场比赛。开赛仅仅8分钟，博宁塞尼亚就为意大利人先拔头筹，不过对率先丢球，舍恩早有准备。在场地温度高达50℃的阿兹泰克球场，落后的联邦德国人发起了疯狂地进攻。高温并不是德国人最大的麻烦，最大的麻烦来自裁判。本场比赛的裁判山崎是出生于墨西哥的日本人，他曾经执法过1962年世界杯联邦德国队对南斯拉夫队的比赛，当时联邦德国队以0比1输掉了比赛。

8年之后，当山崎再一次执法联邦德国队比赛时，出现了很多争议性的判罚。最具争议的一次发生在第17分钟，贝肯鲍尔在禁区内被对方侵犯，但山崎却认为犯规地点在禁区前，拒判点球。席勒也有一次在突破时被对手拉倒在禁区里，山崎也视而不见。联邦德国队浪费了太多的机会，直到比赛进行到第92分钟时，在意甲效力的施内林格为联邦德国队扳平了比分，将比赛拖入了延长期。在这场比赛中，贝肯鲍尔肩膀脱臼却依然带着绷带打满比赛的一幕，给人们留下了深刻的印象。

如果仅仅只看比赛的前90分钟，说不上有多精彩，甚至有很多老资格的球迷，已经想不起来这90分钟究竟发生了什么事情。比赛真正精彩的部分是这延长期的30分钟，两队梅花间竹般地打进了5个球：穆勒在第95分钟为联邦德国队取得领先，3分钟后布格尼希为意大利扳平比分，第103分钟里瓦帮助意大利队逆转，7分钟后穆勒再度将双方拉到同一起跑线。第112分钟，里维拉绝杀，意大利队以总比分4比3晋级。短短的半小时时间里，双方打进了5球，这也成为史上进球最多的延长期比赛。联邦德国和意大利媒体都将这场比赛称为世界杯的"世纪之战"。事实上，这也是一场没有胜利者的比赛——联邦德国队含恨出局，无缘冠军争夺；意大利队虽然侥幸晋级，却也因为在高温下比赛体力耗尽，决赛中被以逸待劳的巴西队4比1横扫。

贝肯鲍尔在1990年率领联邦德国队在意大利夺冠之后承认："应该说，意大利队是我们最不愿意遇到的对手之一，1970年的那场比赛给很多人留下了很深的印象。当我率领球队在意大利夺冠的时候，这种感觉棒极了。"

三、四名决赛在联邦德国队和乌拉圭队之间进行，联邦德国队在进行了与英格兰队和意大利队两场史诗般的对决之后，已经显出了疲态，而乌拉圭队在被巴西队淘汰之后也显得无精打采，因此这场第三名的对决对很多球迷来说并不刺激。在三、四名决赛前场场进球的穆勒也在本场比赛中哑火，联邦德国队仅仅是凭借着奥弗拉特第27分钟的进球，才以1比0击败对手夺得第三名。席勒第21次代表德国出赛，这一纪录直到28年后才被马特乌斯打破。

联邦德国队尽管无缘夺冠，但在1966年和1970年世界杯上，他们却带给了球迷真正的享受：1966年世界杯上，联邦德国队打进了15球，进球数仅次于葡萄牙；1970年世界杯上，联邦德国队打进17球，仅次于打进19球的巴西队。盖得·穆勒以10个进球夺得了本次世界杯的最佳射手，他也是继1958年打进13球的方丹和1954年打进11球的柯奇士之后，第三名在一届世界杯上打进至少10球的球员。虽然未能获得世界冠军，但在1970年欧洲金球奖的评选中，穆勒却毫无争议地当选，这也是第一次有联邦德国队球员当选金球奖：1958年的评选中，拉恩名列第二，1960年和1962年，1966年和1969年，席勒、施内林格、贝肯鲍尔和穆勒都仅仅名列第三。

1971年德甲丑闻

联邦德国队1966年获得世界杯亚军，1970年虽然没有更上一层楼，却表现出了十足的冠军潜质。应该说，这是1963年德甲联赛职业化改革以后的最直接成果，但随着职业化的进一步深入，一些当年改革时期留下的弊端不可避免地暴露了出来。1971年，德甲爆发的贿赂丑闻，将7个俱乐部、50多名球员、2名教练和6名俱乐部官员卷入其中。究其原因，是制度的不合理导致的集体腐败。

在20世纪60年代德甲联赛成立之初所实行的"工资封顶"和"转会费封顶"的制度，已经严重阻碍了职业化的进程，球员的最高工资每月1200马克，不到一个普通工人工资的四倍（330马克）。此外，由于只有在顶级联赛的十几支球队才是职业球队，5个地区联赛却只是由半职业队和业余球队组成，一旦球队降级，球队就有可能会立刻入不敷出，濒临破产，而球员将失去职业资格，变为业余球员。这种情况直到1974年才得到改变，为了减小德甲联赛和地区联赛间的差距，联邦德国足协设立了德乙联赛。

1970—1971赛季德甲的降级名额是两个，但在最后一轮联赛前，除了仅积23分的埃森肯定降级之外，斯图加特、多特蒙德和法兰克福同积28分，前者净胜球为-6，后两队为-14。奥芬巴赫和比勒费尔德同积27分，前者为-14球，后者为-20球。与埃森同在降级区的还有奥博豪森，积26分，-15球。6月5日德甲最后一轮的比赛中，比勒费尔德客场以1比0击败了柏林赫塔，奥博豪森逼平了布伦瑞克，这也使得以2比4负于科隆的奥芬巴赫踢球者惨遭降级。

6月6日，恰好是奥芬巴赫踢球者主席卡内拉斯的50岁生日，他借生日派对之际，邀请了很多记者和足坛名宿到家做客，其中也包括联邦德国国家队的主帅舍恩。卡内拉斯在自家别墅的阳台上，向在场的记者播放了很多电话录音，录音带里有柏林赫塔队长维尔德和科隆守门员特曼格里茨的声音，这盘录音带使得1971年足坛贿赂丑闻大白于天下，磁带中提到的人和事，只涉及这起丑闻中极小的一部分。接下来的几个月，更多的贿赂丑闻被曝光，涉案总金额高达110万马克，比勒费尔德在一个赛季后被强制降级。部分涉案的球员被禁赛甚至终身禁赛，这其中包括参加过1970年墨西哥世界杯的里布达、费希特尔、帕茨克、洛伦茨和曼格利茨5名国脚。1971年的德甲贿赂丑闻使得德甲形象大受影响，在接下来的一个赛季，现场观战人数减少了90万，德甲球队的收入也减少了600万马克。

欧洲称王

1972年欧洲杯预选赛刚开打的时候，贿赂丑闻还没有曝光，但是到了小组赛结束之后，整个事件已经在联邦德国闹得沸沸扬扬了。作为1970年世界杯的季军，联邦德国队的欧洲杯之旅并不顺利。1970年10月17日，联邦德国队在科隆主场被做客的土耳其队逼平，舍恩的球队在落后的情况下凭借着穆勒的点球才涉险过关。次战客场挑战阿尔巴尼亚队，也仅仅凭借着穆勒第38分钟的进球以1比0小胜。再战土耳其队，联邦德国队才有了点强队的风采：穆勒在第43分钟和第47分钟独进两球，而除了穆勒之外，终于能有其他联邦德国球员进球了，科佩尔在第72分钟将比分定格为3比0。之后舍恩的球队在华沙以3比1击败了东欧铁骑波兰队，依旧是穆勒唱主角：第29分钟和第64

分钟连进两球，帮助联邦德国队逆转，格拉博夫斯基在第70分钟锁定比分；小组末战主场以0比0战平波兰队，联邦德国队以不败战绩昂首晋级。民主德国队与南斯拉夫队、荷兰队和卢森堡队同组，最后只列小组第三，未能出线。

四分之一决赛联邦德国队的对手是英格兰队，1972年的时候四分之一决赛是主客场两回合的赛制，联邦德国队先客后主。1972年4月29日，这是一个载入联邦德国足球史册的日子，对一些联邦德国球员来说，这场比赛，甚至比他们后来在决赛击败苏联队更重要，其意义仅次于1954年"伯尔尼奇迹"。联邦德国队在英格兰本土以3比1重创了英格兰队。除了第一次在英格兰本土取胜之外，这场比赛还有着其他很特殊的背景：首先，1971年的贿赂丑闻严重地损害了联邦德国足球的形象，比勒费尔德在这场比赛两周之前被强迫降级，帕茨克、里布达等球员无法再代表国家队比赛；其次，韦伯、福格茨和奥弗拉特这些重量级的球员都有伤，迫使舍恩只能派上缺少比赛经验的年轻人赫内斯与布莱特纳，当然还有舍恩并不太喜欢用的内策尔；此外，国家队的拜仁球员士气正处在低潮期，在欧洲优胜者杯的半决赛中，他们刚刚被格拉斯哥流浪者以2比0淘汰出局，回到国内又被杜伊斯堡打了个3比0。就是在这种种不利的条件下，联邦德国队球员走进了温布利大球场。

内策尔与贝肯鲍尔在中场发挥到了极致，英格兰人虽然在主场作战，却丝毫发挥不出应有的水准：赫内斯在第26分钟首开纪录，第77分钟英格兰人扳平比分，第85分钟，穆尔禁区内侵犯黑尔德，内策尔主罚点球，班克斯几乎扑住了球，但联邦德国人还是将比分改写为2比1。第88分钟，尽管有半支球队的英格兰球员在看守，盖德·穆勒还是打进一球，为比赛盖棺定论，3比1。

在1966年世界杯上，英格兰人领先，却被联邦德国人在80分钟以后进球拖入加时赛。1970年英格兰人重蹈覆辙，此番主场作战，再次被联邦德国人在最后10分钟击败。当时的英格兰媒体报道说："也许与联邦德国队的比赛，踢80分钟就应该结束了。"

此后联邦德国队再接再厉，主场以0比0战平英格兰队晋级半决赛。半决赛穆勒在第24分钟和第71分钟连进两球，帮助联邦德国队在安特卫普以2比1击败东道主比利时队杀进决赛。决赛在布鲁塞尔进行，联邦德国队对阵苏联队。穆勒在第28分钟为联邦德国队打开胜利之门，海因克斯助攻维摩尔在第52分钟将比分扩大为2比0。5分钟后，施瓦岑贝克助攻，穆勒梅开二度，联邦德国队以3比0完胜，首次在欧洲称王。这也是在1954年之后，联邦德国队所夺得的又一个大赛冠军。

回顾整个夺冠历程，也的确只有在四分之一决赛中客战英格兰队的比赛最惊心动魄。内策尔在1972年当选了联邦德国足球先生，贝肯鲍尔则赢得了欧洲金球奖，这是联邦德国球员第二次获得金球奖，穆勒和内策尔并列第二名，这也是金球奖历史上首次被一家足协包揽前三。不过或许因为欧洲杯决赛对手苏联队的"成色"不够，使得联邦德国队的"含金量"稍显不足。在1972年联邦德国最佳球队的评选中，联邦德国男足败给了夺得慕尼黑奥运会金牌的联邦德国男子曲棍球队，这被称为"联邦德国队在1972年所遭遇的最惨痛失利"。

世界杯英雄——席勒

乌维·席勒，被称为汉堡队活着的传奇，其实席勒并不仅仅是汉堡的传奇，他也是联邦德国足球活着的传奇。席勒参加过4次世界杯：1958年、1962年、1966年和1970年。他在那个年代，是与贝利齐名的球星，是世界上最好的中锋。只不过他没有贝利那样好的运气，他仅在1966年帮联邦德国队打进了世界杯的决赛，遗憾地输给了英格兰队，屈居亚军。

可是这丝毫不影响席勒的个人成就：他是第一个打过20场世界杯比赛的球员，第一个在4届世界杯都有进球的球员，也是唯一的一个，每次都能在世界杯上打进至少两球的球员，他参加世界杯比赛的总时间为1980分钟，在所有球员中排名第三，仅次于马尔蒂尼与马特乌斯。这些成就，都足以让席勒载入世界足球史册。

1936年11月5日，席勒出生于汉堡，他的父亲老席勒是汉堡的一名球员，子承父业的席勒也成为了汉堡队的一员。尽管身材不高，只有169厘米，但席勒在前锋线上却有爆炸性的能量。1954年，只有18岁的席勒在德国杯上完成了自己的首秀，他一人独进4球，帮助球队以8比2击败了基尔队。此后汉堡就进入了席勒时代：在1953—1972年效力于汉堡期间，席勒总共在476场比赛中打进了404球，这一纪录至今无人能够打破。

1954年世界杯之后，年仅17岁的席勒就入选了赫尔贝格的联邦德国队。1954年10月16日，席勒在联邦德国队对法国队的比赛中替补出场，那场比赛联邦德国队以1比3输给了对手。席勒真正的大放异彩是在1958年世界杯上，他与拉恩和沙费尔组成的锋线无坚不摧，在小组赛对阵阿根廷队和北爱尔兰队的比赛中，席勒都有进球。只可惜席勒在对阵瑞典队的比赛中受伤，这也使得他无缘与法国队的季军争夺战。赫尔贝格对席勒的评价是："当然，也许还有比席勒更出色的球员。但没有人有席勒那样的天分，能在那么狭小的空间里，对对方后卫施加影响。"

1961年，席勒在对丹麦队的比赛中，第一次戴上了联邦德国队队长的袖标。在这场比赛中，身高169厘米的席勒完成了头球"帽子戏法"，帮助球队以5比1击败了对手。与在汉堡一样，他成为国家队不可缺少的领袖球员。席勒是联邦德国队参加1962年世界杯的杀手锏。在小组赛中，席勒就斩获了两粒进球，只可惜联邦德国队在四分之一决赛中输给了南斯拉夫队，未能更进一步。在这届世界杯之后，老队长沙费尔退役，席勒正式成为联邦德国队的新任队长。

在经历了1965年的脚踝重伤之后，席勒及时复出，并且在与瑞典队的关键一战中打进关键一球，率领球队进军英格兰。在1966年英格兰世界杯上，联邦德国队显示出了出色的状态：他们勇夺小组第一名。席勒在联邦德国队以2比1击败西班牙队的比赛中，打进了决定性的球。在四分之一决赛对乌拉圭队的比赛中，席勒又有一球斩获。虽然联邦德国队在决赛中输给了英格兰队，但席勒仍然被认为是那次世界杯上表现最出色的球员之一。

1968年席勒宣布从国家队退役，但在舍恩的劝说下，他还是参加了1970年墨西哥世界杯。年轻的联邦德国队需要他的经验，33岁的席勒不再担任前锋，而是在穆勒身后输送弹药。即便如此，席勒依然威力无穷，他在小组赛对摩洛哥和保加利亚的比赛中都有进球。四分之一决赛对阵英格兰一役，席勒打进了其在国家队的最重要进球：比赛已经进行到第82分钟，当时联邦德国队以1比2落后于卫冕冠军，席勒突然冲入禁区，背对球门、后脑勺头球攻门，球应声入网，这个进球帮助球队扳平了比分，联邦德国人最终通过加时赛复仇成功，以3比2淘汰了对手。

1970年9月9日联邦德国队对匈牙利队的比赛，成为席勒在国家队的告别赛，他总共代表联邦德国队参加了72场比赛，打进43球。1972年，席勒被联邦德国足协授予"国家队荣誉队长"的称号，他是第二名获此殊荣的球员，之前只有弗里茨·瓦尔特获得过这一荣誉。很多人感慨席勒生不逢时，也的确有道理：如果席勒1954年入选联邦德国队，就能创造"伯尔尼奇迹"，如果他晚4年退役，就能和联邦德国队在1974年一起捧杯，可惜席勒就生在了联邦德国队无冠的这16年，因此他也被称为德国足球的无冕之王。

八、1974年联邦德国世界杯——本土称雄

1974年世界杯，联邦德国队就是以这支刚刚获得了欧洲冠军的球队为班底开始征程的。作为东道主，联邦德国队与卫冕冠军巴西队无需参加预选赛，直接晋级，民主德国队也力压罗马尼亚队、芬兰队和阿尔巴尼亚队，从欧洲区第四小组突围。

截至1971年5月底，国际足联还在为这届世界杯发愁，因为当时137个会员国中，只有27个报名参赛，这时离预选赛开始只有4周了，国际足联不得不再发一遍邀请，最终共有98个国家和地区报名参加了本次世界杯。这是参赛球队最多的一次世界

杯，国际足联为此很欣慰，但接下来1972年慕尼黑奥运会上发生了举世闻名的"慕尼黑惨案"[①]，为1974年世界杯蒙上了一层阴影。1974年世界杯还有一个遗憾，那就是一些强队未能晋级，英格兰、法国、欧洲杯亚军苏联、匈牙利以及西班牙在预选赛阶段就被淘汰。

在开始回顾这届世界杯之前，不妨看看这支联邦德国队中有多少响当当的名字：门将迈耶，后卫贝肯鲍尔、福格茨、施瓦岑贝克、布莱特纳，中场赫内斯、奥弗拉特、邦霍夫，前锋有穆勒、海因克斯。这样一支球队，堪称当时世界足坛的"梦之队"，加之在本土作战，夺冠有悬念吗？有，而且相当不容易。因为在同一块大陆上，另外一支欧洲强队已经崛起，那就是拥有克鲁伊夫、内斯肯斯，完美诠释着全攻全守足球战术的荷兰人。事实上，即便在遭遇荷兰人之前，联邦德国队在1974年世界杯的加冕之路也并非完全一帆风顺。

马伦特之夜

1974年6月，联邦德国队马伦特训练营。在经历了"慕尼黑

---

①慕尼黑惨案，指于1972年9月5日（第二十届夏季奥运会举办期间）发生在联邦德国慕尼黑的一次恐怖事件。策划者是巴勒斯坦武装组织"黑色九月组织"，袭击对象是参加奥运会的以色列代表团，造成该代表团11人身亡。

惨案"之后，联邦德国警方加强了戒备，汉堡以北110千米的小城马伦特训练营不像是训练营，倒更像是一座集中营：直升机巡逻，到处是牵着警犬的警察。球员们早已厌倦了这样的集训生活。于是，贝肯鲍尔偷偷溜出去私会女星，迈耶和赫内斯在非球队休息时间，开着一辆坏了刹车的破车去汉堡看老婆……

情况越来越糟糕，6月9日联邦德国队小组赛对阵智利队之前的5天。凌晨3点，马伦特集训营看起来非常的安静，按惯例，这个时候球员早就应该上床休息了。但事实却并非如此，这是决定联邦德国足球命运的一个夜晚，史称"马伦特之夜"。联邦德国队主帅舍恩自己在一个房间里，站在两个行李箱中间，他刚刚告诉联邦德国代表团，他把联邦德国队的22名球员都赶回家了，他同时已经通知了国际足联，要么允许他临时替换联邦德国球员的名单，要么让他自己回家。

在另一间房子里，布莱特纳坐在自己床上，行李箱放在自己的床前。他刚刚告诉自己的队友，他准备回家了，因为舍恩说，他就是之前挑头闹事的"叛乱头子"，无论如何不会让他参加比赛。内策尔、奥弗拉特、穆勒和赫内斯正忙着劝他改变主意留在球队。最终，穆勒决定去找贝肯鲍尔，他认为只有贝肯鲍尔能解决这个麻烦。

贝肯鲍尔也很忙，这时候贝肯鲍尔正在第三个房间跟纽贝格通电话。纽贝格，这个昔日的萨尔足协主席，如今已经是联邦德国足协和国际足联的副主席。"我们的最终报价是75000马克。"贝肯鲍尔对纽贝格说。

"不可能超过7万马克。"电话另一端的纽贝格回答说。贝肯鲍尔保证将向自己的队员转达这一报价并挂了电话。这不是菜市场在讨价还价，而是在决定贝肯鲍尔和他的队友们会不会去参加1974年世界杯。

导致这一切的根源，毫无疑问是钱。联邦德国足协此前从来没有和球员们谈过夺冠奖金的问题。因为舍恩和很多联邦德国足协的官员一样，认为球员们为国参赛是天经地义的，他们应该把为联邦德国参加比赛当作一种无限荣光，在国家队需要的时候，球员们就应该无条件服从。但球员们不这样想。球员们了解到，意大利足协允诺，倘若夺冠，每人的奖金是12万马克，荷兰人的夺冠奖金是10万马克，现在荷兰人正在和老婆、孩子在一家高档酒店温存，而联邦德国队的球员，却在鸟不拉屎的马伦特集中营受罪。于是，联邦德国队的球员派队长贝肯鲍尔做代表，与联邦德国代表团团长德克特交流，而这就是"马伦特之夜"的起源。

德克特回应说，如果能夺冠的话，将奖励每人3万马克。球员们觉得太少了，还价到10万马克。德克特提高到5万马克，球员们降到了7.5万马克，但还有2.5万马克的差价无法填补。贝肯鲍尔、迪特霍格斯、内策尔和奥弗拉特作为球员的代表，整晚都在和足协的官员们讨价还价，一直从晚上争论到凌晨还没有结果。每一次讨论和会议都刺激着老帅舍恩，他觉得越来越无法忍受。在贝肯鲍尔的第一本个人传记中，记下了那一刻舍恩的愤怒。舍恩站起来冲四人怒吼："我听到的所有东西就是钱，钱，钱！这糟透了！"

这一刻，舍恩才真正认识到，这是完全不同于弗里茨·瓦尔特和席勒的新一代的足球运动员。他听到了他们所说的，却完全不能理解，于是舍恩起身离开上楼，上楼之后，他又听到布莱特纳在不满地大吵大叫。于是，舍恩破门而入并且告诉自己的球员："给我闭嘴！你们破坏了所有的东西！"说完这个，他把自己反锁在屋里，琢磨着如果把现有的球员都赶走，选择什么球员代表联邦德国队去参加世界杯。

德克特对球员的要求无能为力，于是在汉堡酒店里睡觉的纽贝格被吵醒了，他与贝肯鲍尔通了电话。贝肯鲍尔将纽贝格需要7万马克的报价告诉了队友，并建议投票决定最终是否参赛。结果是11对11。在这个时刻，贝肯鲍尔站了出来，他请求自己的队友接受这个价钱，在经过了一段时间的沉默后，所有的人都表示会支持贝肯鲍尔的决定。于是贝肯鲍尔通知德克特和舍恩，麻烦解决了，所有的人都上床睡觉了。

混乱的联邦德国队

5天之后，联邦德国队在柏林对阵智利队。在联邦德国队首战中，差一点被舍恩赶回家的布莱特纳成为了进球功臣，他在第17分钟破门得分。联邦德国的整体攻势并不流畅，第69分钟，智利队的卡斯切利因为侵犯福格茨吃到了世界杯历史上的首张红牌，可联邦德国队的进攻依然没起色，被舍恩寄予厚望的奥弗拉特发挥平平，早早的就被换下了场。多打一人的联邦德国队只能以1比0草草结束战斗，球迷们期待的进球狂欢并未出现，柏林的球迷将嘘声公平地献给了两支球队——为智利队的粗鲁，为联邦德国队的平庸。同一轮比赛中，民主德国队以2比0击败澳大利亚队。

经过了糟糕的首战后，情况并没有多大好转——不是球员的情况没好转，而是场上观众对自己球员的嘘声没好转。媒体将"马伦特之夜"披露出来，球员的拜金行为也伤害了球迷的心。首场比赛发挥平平的奥弗拉特在第13分钟为联邦德国队进球，第35分钟，库尔曼将比分扩大为2比0，下半场开场第8分钟，穆勒将比分定格为3比0。比赛结束后，汉堡的球迷还是将嘘声给了联邦德国队，情绪有些失控的贝肯鲍尔将球一脚踢飞，看台上球迷以更尖锐的口哨回应，贝肯鲍尔甚至与球迷发生了争吵。事后虽然贝肯鲍尔做出了道歉，但是他同时发问："这是在联邦德国举办的世界杯吗？"

舍恩也越来越郁闷，他的球员看起来根本没意识到是为联邦德国比赛，球队缺少团队精神，踢起球来也缺少灵感。有些人认为，这是因为舍恩没有重用内策尔的缘故，但舍恩则固执己见。内策尔和舍恩的分歧由来已久，除了内策尔的踢法有些离经叛道之外，其中最重要的一点是因为内策尔的转会。舍恩很久之前就曾经警告过自己的球员，谁想参加世界杯，就乖乖地留在德甲踢球。内策尔根本没将舍恩的警告放在心上，1973—1974赛季选择了从门兴格拉德巴赫加盟皇家马德里。更让舍恩火冒三丈的是，内策尔眼里根本没他这个主教练，骄傲的内策尔甚至没将自己要去西班牙的消息通知舍恩，舍恩是从一个记者那里知道内策尔要转会的。

还有一点，那就是来自拜仁的球员们并不喜欢内策尔——从20世纪60年代末到70年代中期，拜仁与门兴格拉德巴赫的生死对抗，一直是德甲的主旋律。联邦德国队也多由这两支球队的球员构成，但除了小个子的福格茨与中场邦霍夫之外，出身门兴格拉德巴赫的内策尔以及还在门兴格拉德巴赫效力的海因克斯、克莱夫、维摩尔扮演的多是"跑龙套"的角色。拜仁的球员更喜欢来自科隆的中场组织者奥弗拉特。

联邦德国队和民主德国队的"柔情"对决

小组赛的第三轮比赛并没有同时进行。澳大利亚与智利的比赛被安排在16点进行，而民主德国队和联邦德国队的对决赛则在晚上19点半开踢。在与民主德国对决之前，澳大利亚与智利的比赛已经结束了，两队以0比0握手言和，这也意味着两队双双失去了晋级的机会，两德将为争夺小组第一名而战，这也可能是历届世界杯上政治色彩最浓的一场比赛了。

确实很戏剧性，两德唯一的一次在世界杯的交锋，还是在联邦德国的土地上，两队竟然鬼使神差地抽到了一个小组，而且如果不是澳大利亚队与智利队打平，民主德国队和联邦德国队就要进行你死我活的小组最后一战。赛前人们最关心两点：第一，民主德国真的能够或者说真的打算去激怒联邦德国人吗？第二，联邦德国是不是真的想赢得比赛？赢了比赛，就意味着要在第二阶段的比赛中遭遇荷兰队和巴西队这样的强队。

联邦德国当然是取胜的大热门，队员们知道主帅舍恩是多么想赢下这场较量，此前两轮的糟糕表现，也亟须一场胜利，扭转目前联邦德国队在球迷心目中的形象。但联邦德国的球员们也的确缺乏动力，毕竟一场平局就能获得小组第一名的位置，通常情况下球队都会采取防守反击的策略。

于是，舍恩的球队非常谨慎地投入了比赛；相反，民主德国队的球员则非常放松，就像他们等这一天已经等了很久了，如今正在享受这场比赛似的。比赛在一种很奇怪的氛围中进行。穆勒回忆说。有一次他被维泽踢倒了，后者把他扶起来，并且说："我希望你没有受伤。"随着比赛的进行，一些越来越超现实的事情出现了。一次角球之前，贝肯鲍尔对来自耶拿的对手伊尔穆舍说："恐怕我将不得不拉一下你的衣服了。"而对手则笑着回应说："恐怕你拉不住。"

民主德国开始占据了主动，但随着比赛的深入，民主德国逐渐掌握了局面。在开球之前，贝肯鲍尔曾经对自己的队友说："我们现在是为舍恩比赛！"不过踢着踢着，球员们就变成为自己比赛了。离终场还有20分钟的时候，舍恩换上了内策尔，这也是内策尔在这次世界杯上仅有的20分钟。后来内策尔回忆说："当时场上一团混乱，我当时在热身，我跑得尽可能离教练席远些，希望不会被换上场，但舍恩还是抓住了我。"内策尔上场之后10分钟，斯帕瓦瑟打进了全场比赛唯一的一个进球，民主德国凭借此球击败了联邦德国，这是两队在世界杯上的第一次，也是唯一的一次交锋。

球滚入球门的一刹那，全场几乎一片安静——之所以说是几乎，是因为还有2000名来自民主德国的球迷在拼命地挥舞着小旗子为民主德国加油助威。民主德国很清醒地认识了这场比赛。主帅布什内尔说："我们赢了一场重要比赛，仅此而已。"官方也很少对此发表评论。只是英国媒体的评论充满了政治色彩。《星期日电讯报》评价说："民主德国、联邦德国的城墙完好无损。"《观察家报》则表示："这是民主德国方面的双重胜利。"至于联邦德国，《星期日图片报》的标题是："不能这样了，舍恩先生！"很多联邦德国球迷不理解，在他们看来，这原本应该是一场充满火药味的较量，结果却被两个队演绎得柔情似水。

比赛结束之后，贝肯鲍尔和伊尔穆舍、福格茨和基舍尔在更衣室交换了球衣。然后全队都走进了更衣室，默默地坐在了那里。舍恩默默地看了自己的球员一会儿，冷冰冰地说："我们有必要谈谈。"说完，他离开了更衣室。

贝肯鲍尔"兵变"

那些持联邦德国队输球阴谋论的人，认为联邦德国队输球就会避开荷兰队、阿根廷队和巴西队，显然太不了解当时这场比赛的背景了——这不是一场普通的比赛，而是一个有着特殊历史渊源国家的对抗，甚至可以说是两种体制的对抗。这些人也同样不了解联邦德国队的主帅舍恩，之前我们也曾经提到过，舍恩是一个重视球员场上表现超过比赛结果的人。他出生在民主德国的德累斯顿，现在却在执教联邦德国国家队，他比任何人都渴望赢得比赛的胜利。

在输给民主德国队的24小时之后，发生了一系列事情，这些事情也直接改变了本次世界杯的最终结果。在球队返回马伦特之前，舍恩召开了一次简短的新闻发布会，这名总是神采奕奕的老人，看起来几乎崩溃了，显得非常苍老。开完发布会返回马伦特之后，已经是凌晨一点了，舍恩看到自己的球员在疯狂地喝酒，房间里弥漫着雪茄味。"这于事无补"，舍恩轻蔑地说，"我们10点开始训练，然后我们去凯泽劳的新训练营，准备下一阶段的比赛。"然后他把自己反锁在了房间里，第二天早上，他拒绝和球队一起用餐。

联邦德国足协对此很忧心，纽贝格开始考虑，让联邦德国队助理教练德瓦尔分担舍恩一些主教练的职责。队长贝肯鲍尔被告知，舍恩状态很差，无法率领球队去凯泽劳。于是，贝肯鲍尔带着队友去了在凯泽劳的新训练营。联邦德国足协原本在第二天中午安排了一次新闻发布会，100多名来自世界各地的记者，在等着问舍恩关于民主、联邦德国比赛的事情。舍恩什么也不愿意说，他来到凯泽劳之后，继续将自己锁在屋子里。联邦德国足协决定取消这次新闻发布会，但遭到了媒体的抗议。媒体请一名叫做比里肯斯多夫的老记者去与舍恩沟通，希望他能改变主意。

比里肯斯多夫后来回忆说："舍恩的状态的确很差，我建议他是否能带上贝肯鲍尔。"这也成了事态的转折点。在新闻发布会上，舍恩几乎没说一句话，因为贝肯鲍尔在发布会上几乎代替了舍恩的所有职能：贝肯鲍尔宣布，要根据球队的表现，对球队的首发进行调整。门兴格拉德巴赫的邦霍夫和法兰克福的赫尔岑拜因此将会获得首发机会，贝肯鲍尔狠狠地批评了拜仁的队友赫内斯，后者当然也被剔除出了首发阵容之外。至于内策尔，根本不在贝肯鲍尔的考虑之内，奥弗拉特才是贝肯鲍尔认可的人选。凯泽劳记者会之后，对联邦德国来言是一个全新的世界杯，有联邦德国媒体报道说，舍恩在当晚已经被架空，1974年世界杯的后半段实际上是在"贝肯鲍尔兵变"之后才顺利完成的世界杯。因此可以认为，贝肯鲍尔执教的第一个世界冠军的奖杯不是1990年，而是1974年。

亲历了此事的赫尔岑拜因在2009年法国《十一人》杂志发

文澄清了当年发生的一切："第三轮比赛输给民主德国队后，我的机会来了。作为一名德累斯顿人，舍恩觉得输掉对民主联邦德国的比赛是一种耻辱。他感到非常气愤，第二天也不愿理睬球员。舍恩习惯用这种方式让我们感受到他的失望，他并不愿用对话或者处罚的方式。气氛非常压抑，这是舍恩的风格，整个球队都为此感到耻辱。在新闻发布会上，贝肯鲍尔代表舍恩发表了一份声明，他决定用我代替赫内斯对阵南斯拉夫，出现在首发阵容中的还有邦霍夫、赫尔佐格和维摩尔。后来媒体多次形容说，是贝肯鲍尔剥夺了舍恩的主帅位置，这完全是无稽之谈。舍恩组建了球队，但他与其他主帅不同，他会权衡多方的观点，也能接受别人的意见。"

与之前小组赛后的单败淘汰制不同，1974年世界杯采用了第二阶段小组赛的方式，两个小组的第一名争夺冠军，第二名争夺第三名。联邦德国队与南斯拉夫队、瑞典队和波兰队分在B组。获得了小组第一名的民主德国队分在了A组，与巴西队、荷兰和阿根廷队同组，A组的小组第一名被三战全胜的荷兰队夺走，巴西队名列第二名，民主德国队仅仅名列小组第三未能出线。

面对南斯拉夫队，德国队的首发阵容，果然与贝肯鲍尔在新闻发布会上宣布的相同。内策尔成为本次世界杯上最大的牺牲品，他除了在对民主德国的比赛中出场过之外，绝大多数时间都只能作壁上观。内策尔与最主要的竞争对手奥弗拉特是好朋友，但两人却无法在赛场上并肩作战，这也是一种悲哀。当联邦德国队1974年最终捧杯的时候，内策尔说自己毫无世界冠军的感觉。1975年，内策尔选择了退出国家队，在为国家队效力的10年期间，他总共只打了37场国家队比赛。

应该说，在经过了贝肯鲍尔的一番敲打之后，联邦德国队的精神面貌的确产生了很大的变化。布莱特纳在第39分钟石破天惊的远射为联邦德国队首开纪录，第77分钟，穆勒在禁区内接队友右路的传中扫射破门，联邦德国队以2比0轻松取胜。

接下来联邦德国队遭遇老对手瑞典，比赛打得一波三折：瑞典人在第26分钟率先破门，奥弗拉特在第50分钟扳平比分，1分钟之后邦霍夫为联邦德国将比分反超。不过，联邦德国队和全场球迷的欢呼声并没有持续多久，第52分钟，桑德博格的进球就将两队又拉到了同一起跑线。3分钟之内两队一共制造了3个进球，让场上的气氛也愈来愈紧张。感谢赫尔佐格的助攻，格拉博夫斯基在第77分钟帮助联邦德国队再度领先，这个进球也彻底摧毁了瑞典人的斗志。第89分钟，赫内斯罚进点球，这场扣人心弦的比赛最终以联邦德国队4比2取胜告终。

同样两战两胜的德国队与波兰队迎来了B组的最后一场生死

大战。比赛在倾盆大雨中进行，这场比赛后来也被称为"法兰克福水战"：开赛前40分钟的一场大雨，更使得法兰克福球场变成了一片沼泽。波兰方面提出将比赛延期，但联邦德国表示拒绝，组委会甚至调来了消防车来抽水。组委会的努力，外加无法改变的赛程，迫使奥地利主裁判在将比赛推迟了30分钟之后，做出了比赛继续进行的决定。

这支波兰队实力非常强大，1972年夺得了慕尼黑奥运会的冠军，世界杯预选赛又淘汰了强大的英格兰。但在法兰克福的泥沼之中，波兰人的快速与技术都无从发挥，加多查和拉托等人的突破，多次被水潭瓦解。尽管如此，波兰人还是迫使联邦德国队门将迈耶做出了多次精彩扑救。可是正如在"伯尔尼奇迹"中所提到的，雨中作战，意志品质和身体素质要比技术精湛有用得多。第53分钟，赫内斯获得点球良机，但他所射出的点球却被波兰队门将扑出。关键时刻又是穆勒挽救了联邦德国队，第75分钟，他在反击中为联邦德国队打进了锁定胜局的一球。联邦德国队以1比0晋级决赛，输球的波兰队在第三名争夺战中以1比0击败了巴西队。

二度加冕

　　1974年7月7日，东道主联邦德国队迎来本次世界杯上表现最好的球队，以全攻全守战术著称的荷兰队。如果当年国际足联有排名的话，那么当年的这支荷兰队绝对高居榜首，但排行榜第一名并不代表就能夺得世界冠军，因为他们遭遇的是联邦德国队。一年前的冠军杯四分之一决赛，阿贾克斯以4比0轻取拜仁慕尼黑，这支荷兰队就是以那支阿贾克斯为班底的。拜仁和联邦德国队门将迈耶表示，那是他所打得最差的一场比赛，荷兰人的4个进球，他本都能扑出来。

　　尽管阿贾克斯曾经战胜过拜仁，但联邦德国队的球员却并不惧怕荷兰队。贝肯鲍尔和舍恩知道，这场比赛的关键是如何控制好克鲁伊夫。赛前，两人商定让来自门兴格拉德巴赫的福格茨去承担这一重任。为此，他们专门安排了一场队内的教学赛来模仿荷兰的战术，打不上比赛的内策尔被要求模拟克鲁伊夫的踢法。结果让贝肯鲍尔和舍恩都很尴尬，福格茨被内策尔玩弄得狼狈不堪，贝肯鲍尔和舍恩脸都青了，可也没有更好的办法，只能祈祷福格茨超水平发挥而克鲁伊夫发挥失常。

　　1974年的这场德荷之战，已经被当作了世界杯的经典战役被谈论了无数次。开场仅仅85秒，克鲁伊夫就突破了福格茨的防守，被赫内斯在禁区内铲倒，英格兰主裁判泰勒判罚点球，内斯肯斯主罚命中，自始至终，联邦德国连球的边还没有碰到就已经落后了。在被判罚点球之后，联邦德国队队长贝肯鲍尔一直在主裁判身边嘟嘟嚷嚷，《图片报》后来根据贝肯鲍尔的嘴形判断，当时联邦德国队长说的是："为什么，你为什么判这个点球，就因为你是个英格兰人？"放到今天，贝肯鲍尔的做法肯定会得到一张黄牌，但那时，贝肯鲍尔幸免于难。很多人猜测，贝肯鲍尔的话，对泰勒有了一种心理暗示，也影响了英格兰人的判罚，这才有了后来联邦德国的点球。

此后荷兰人完全控制了比赛，并多次获得进球良机，可惜却没能将比分进一步扩大。克鲁伊夫后来回忆说："这是我们最大的失误。"同样参加了那场比赛的荷兰球员雷普也承认："领先以后，我们准备戏弄一下联邦德国队和联邦德国球迷。我们没有那样想，但确实是那样做了。"荷兰人的傲慢激怒了联邦德国队，联邦德国队开始逐渐进入角色，

第26分钟，赫尔岑拜因左路突破，扬森放铲，前者随即倒地，泰勒判了一个点球给东道主。关于这个点球，至今荷兰人和联邦德国人仍各执一词，荷兰人坚持认为是"假摔"，联邦德国人认为是"非常明显的犯规"。至于泰勒的判罚是不是受

到贝肯鲍尔心理暗示的影响无法定论，但泰勒1997年在录制一部纪录片的时候承认，当时自己做出了"错误的判罚"。

赫尔岑拜因非常清楚在当时的那个瞬间自己应该怎么做。贝肯鲍尔赛后的讲话或许有些得意忘形，以至于泄露了天机："**他突破之后立刻倒地了。这是他的特殊技能。不久之前，他就是靠这种方式阻止了拜仁打进杯赛决赛。**"贝肯鲍尔所说的是1973—1974年联邦德国杯的半决赛，两队前89分钟战成2比2平。第90分钟，赫尔岑拜因就那么一摔，为法兰克福摔出一个**点球，将拜仁淘汰，随后击败汉堡夺冠。**30年后，在一次官方宴会上，贝肯鲍尔告诉赫尔岑拜因，他已经原谅了后者在当年德国杯上的那一摔："当你在当年夏天再次摔倒的时候，你弥补了你在德国杯上的过错。"

布莱特纳主罚点球命中，这是一次充满勇气的射门，半决赛赫内斯射失点球的影响，并没有给联邦德国队带来灾难，所有的联邦德国队的球员都在欢呼，甚至包括教练席，舍恩的脸色有些尴尬——开赛之前几乎被他开除的布莱特纳在本次世界杯上斩获了3球，并入选最佳阵容。

接下来荷兰人的麻烦真的来了。内斯肯斯过不了邦霍夫，雷普对抗布莱特纳的时候显得很无助，克鲁伊夫被福格茨牢牢地控制住了。中场前两分钟，邦霍夫右路传中，穆勒打进了决定全场比赛胜负的一球。比赛结束之后，贝肯鲍尔和克鲁伊夫这两大巨星交换了球衣。这场比赛，也使得德国和荷兰结下了"梁子"：在此之前，联邦德国队的"仇家"是法国队、奥地利队和瑞典队，而荷兰人也只将比利时当作了他们必须战胜的对手，但本场比赛之后，每次德荷之战，都有无数的故事要讲。

1972年夺得欧洲杯之后的两年，德国人第二次举起了世界杯。在哈瑙，一个15岁的孩子含着热泪看完了这一幕。当老师让自己的学生在一张纸上写下将来自己想做什么的时候，这个孩子在纸上写道："我要成为联邦德国国脚，我要做世界冠军。"这个孩子就是沃勒尔。16年后，他实现了当年的梦想。

赫内斯之怒

曲终人散，关于世界杯的故事却还没有完。1974年7月7日晚上8点，也就是联邦德国队夺冠的那个晚上，联邦德国足协在慕尼黑希尔顿饭店组织了官方庆祝夺得世界杯的晚宴。当球员们走进宴会厅的时候，没有看到自己的妻子，却只有官员。这时候，人们看到赫内斯的妻子苏珊坐在那里，于是联邦德国队球员就走到苏珊的桌子旁边坐了下来。这时候，一名侍者走了过来告诉苏珊，她必须离开，联邦德国足协比赛委员会主席德克特不允许球员妻子参加这次宴会。

赫内斯与德克特的冲突不可避免地爆发了。贝肯鲍尔回忆说，当时面对德克特，赫内斯暴怒着说："你闭嘴吧！"原话可能比这个更直接露骨，然后他拉着自己的妻子走出了宴会厅。贝肯鲍尔和很多队友都跟着赫内斯走了，然后他们在市中心找了间酒吧，在里边整晚狂欢，把官员们甩在了一边。迈耶此后的一句话也成为了联邦德国足坛的经典："我们能成功地组织一次世界杯，也能不屈不挠地击败哪怕是最强大的对手，但我们不知道怎么样才能成功地策划一场派对。"

感到愤怒的不仅有赫内斯，还有穆勒。当晚，愤怒的穆勒就宣布永久退出了国家队。媒体认为，在世界杯决赛的当天，联邦德国足协给穆勒妻子在球场里安排的座位非常差，赛后又不允许穆勒的妻子参加晚宴，因此造成了穆勒退出国家队的决定，也有传闻说是穆勒不满最终的夺冠奖金。但穆勒后来说，做出这一决定完全是因为私人原因。在决赛前3天，他就告诉了舍恩自己将退役的想法，他想能有更多的时间和家人在一起，舍恩请他在决赛之后再宣布这一消息。

无论什么原因，穆勒退出国家队都是联邦德国足球的一大损失，他退役的那年仅28岁，正处在职业生涯的巅峰，在为联邦德国队出战的62场比赛中打进了68球，这一进球纪录至今无人能打破。1974年从国家队退役的穆勒，直到1979年才离开拜仁慕尼黑，在他离开的那个赛季，还在19场比赛中打进了9球，也就是说，穆勒原本还能在国家队再闪光至少5年。穆勒后来回忆说，如果足协能给他打电话，他一定会改变主意的："如果是现在，我肯定不会那样做，其实我很想参加1976年欧洲杯。"遗憾的是，没人联系穆勒。

穆勒挂靴之后的第二天一早，奥弗拉特和格拉博夫斯基也宣布了退出国家队的决定，此后不久布莱特纳也离开了国家队。主帅舍恩自己也想离开，但被纽贝格挽留，继续执教到1978年阿根廷世界杯。

以1974年世界冠军队的成员为班底，舍恩率领联邦德国队参加了1976年欧洲杯。这是一次难忘的欧洲杯。小组赛阶段联邦德国队从希腊队、保加利亚队和马耳他队所在的第八小组晋级，民主德国队则没有在第七小组闯过比利时队这一关，只能遗憾出局。淘汰赛阶段联邦德国队击败了西班牙队，又在半决赛经过加时赛大战击败了南斯拉夫队，最后的结果是4比2，联邦德国队在0比2落后的情况下连进4球，又一名姓穆勒的联邦德国年轻人在这场比赛中上演了"帽子戏法"，但这个人却不是"轰炸机"盖德·穆勒，而是迪特·穆勒。

决赛之前，点球大战的倡导者联邦德国足协找到欧洲足联和捷克斯洛伐克足协，希望修改规则，即在120分钟如果战平，将不再进行重赛，而是进行点球大战。请求被批准，但最终的结果却是联邦德国人搬起石头砸了自己的脚：开场阶段简直就是半决赛的翻版，捷克斯洛伐克队开场25分钟就以2比0领先，那修改过的规则，貌似根本用不上。但接下来联邦德国开始发力，迪特·穆勒在第28分钟为联邦德国扳回一球，第90分钟赫尔岑拜因为联邦德国扳平了比分。加时30分钟两队互无建树，点球大战赫内斯再次射丢点球，捷克斯洛伐克5比3取胜，以总比分7比5夺走了欧洲杯。

当时的点球大战，联邦德国队甚至凑不齐5名主罚球员。第100次代表国家队比赛的贝肯鲍尔说，他肩膀有伤，但他同意自己第五个去罚点球，赫内斯或者想起了1974年对波兰时罚丢点球那一幕，说自己宁愿不罚。门将迈耶表示自己愿意去罚第四个点球，但这时候赫内斯改变了主意，但他的射门高出了横梁，捷克斯洛伐克人五次主罚全部命中，贝肯鲍尔甚至没获得主罚的机会，比赛就结束了。不过不容忽略的一点是，联邦德国队迄今为止，依然是点球决战阶段胜率最高的球队。贝肯鲍尔获得了那年的金球奖，但他的得奖更多的是基于在拜仁的成功。

世界杯英雄——"轰炸机"穆勒

　　尽管有席勒、鲁梅尼格、克林斯曼和克洛泽这样举世闻名的前锋，但谈及德国队历史上最出色的前锋，毫无争议——盖德·穆勒是最佳人选。穆勒只在德国国家队效力了8年。在这8年期间，他总共参加了62场比赛，打进了68球，虽然这一纪录在2013年9月6日被克洛泽追平，但克洛泽打进这68个进球，整整用了128场比赛。

　　穆勒于1945年11月3日出生于诺德林根，他也就在当地的诺德林根1861俱乐部开始了自己的球员生涯。1962—1963赛季在诺德林根青年队效力的时候，17岁的穆勒展示了其疯狂的进球天才——球队在一个赛季打进了204球，这其中穆勒一个人就打进了180个球。慕尼黑1860俱乐部开始注意到穆勒，但拜仁最终提前一个小时，与穆勒签下了一份职业合同。当时的慕尼黑1860俱乐部在德甲球星云集，穆勒认为自己的机会不大，于是选择了还在南部地区联赛踢球的拜仁。拜仁当时的主帅查伊科夫斯基对矮胖的穆勒并不是很感兴趣。他说："我们是踢足球的，我要这样的举重运动员有什么用？"在拜仁的第一个赛季，穆勒出场26次，打进了33球，查伊科夫斯基再也不叫穆勒

"举重运动员"了，而是改称"小胖穆勒"。

盖德·穆勒于是在拜仁慕尼黑开始了其传奇般的历史，拜仁也成为那个时代欧洲战场最强大的球队，穆勒一共获得了4次德甲联赛的冠军，4次杯赛冠军和冠军杯的三连冠（1974—1976），一次优胜者杯冠军（1967年）。在拜仁效力期间，拜仁在427场比赛中打进了365球，这迄今依然是德甲最多的进球纪录；1971—1972赛季，穆勒在一个赛季打进了40球，这也是德甲单赛季的进球纪录。德甲单赛季进球第二多和第三多的纪录，同样是穆勒保持的：1969—1970赛季他打进了38球，1972—1973赛季他打进了36球。在穆勒的职业生涯中，曾经7次夺得德甲联赛射手王。数据显示，穆勒职业生涯一共踢了1204场比赛，总共进球1455个，场均进球1.21个。不过，穆勒同样保持着德甲联赛一个并不光彩的纪录，当然这个纪录很少被人提及：他总共罚丢了12个点球，这一纪录迄今也未被人打破。

穆勒于1966年10月12日首次为国家队效力，1967年4月8日在他参加的第二场国家队比赛中，打进了4球，对手是可怜的阿尔巴尼亚。穆勒在国家队生涯的第一个高峰期是1970年墨西哥世界杯，仅仅在小组赛阶段，穆勒就打进了7个球，对阵保加利亚队和秘鲁队连续两场比赛上演"帽子戏法"。四分之一决赛对阵英格兰队的时候，他又打进了3比2制胜的一球。半决赛对阵意大利队，穆勒又斩获了两球，不过球队还是以3比4败给了意大利队。1970年世界杯上，穆勒总共打进了10球，获得了金靴奖。同年，穆勒赢得金球奖，他也是第一个获此殊荣的联邦德国队球员。穆勒后来回忆说："这届世界杯对我个人来说，比1974年的世界杯更加重要。"

1972年，联邦德国队夺得欧洲杯，成为欧洲之王，穆勒居功至伟，他总共打进了4球，并荣膺欧洲杯最佳射手。穆勒的四个进球中，有两个在决赛中对阵苏联队的比赛中。集世界杯最佳射手与欧洲杯最佳射手于一身，穆勒成为当之无愧的王者，虽然在1972年和1974年夺冠的国家队里，贝肯鲍尔都是领袖球员，但如果没有穆勒的摧城拔寨，联邦德国队也就不会有在1972年和1974年的成功。在他代表联邦德国队所参加的62场比赛中，没进球的比赛只有24场。

但无论穆勒进了多少个球，他一生中最重要的进球永远只有一个：1974年世界杯决赛，对荷兰队比赛中第43分钟的那个进球。凭借着这个进球，联邦德国队以2比1击败荷兰队，获得了世界冠军。虽然穆勒没有成为1974年世界杯的最佳射手，但没有人否认他是那个时代最出色的前锋。穆勒回忆这个进球的时候说："邦霍夫把球传入禁区，我却跑过了，球碰了我的左脚，我转过身，用右脚射门，然后皮球入网，这毫无疑问是我一生中最重要的进球。"在他所参加的两届世界杯中，穆勒在13场比赛中打进了14个球。

退役后的穆勒染上了酗酒的恶习，他的妻子也离开了他，穆勒一天天颓废。这时候他拜仁的队友拯救了他。贝肯鲍尔说："在他踢球的时候，他没有一点这样的习惯，他是一名真正的职业球员，这一切都是他在退役之后发生的"。在贝肯鲍尔和赫内斯的帮助下，穆勒克服了酒精的困扰，重返拜仁慕尼黑，成为拜仁的球探，并帮助球队管理青年队。虽然穆勒在拜仁的地位不及贝肯鲍尔、赫内斯与鲁梅尼格三巨头，但毫无疑问，拜仁如今的辉煌，也离不开穆勒的努力。1998年，穆勒被国际足联授予终身成就奖，这毫无疑问是对"轰炸机"职业生涯的最大肯定。

九、1978年阿根廷世界杯——科尔多瓦之耻

卫冕冠军联邦德国队无需参加世界杯预选赛就自动进入了阿根廷世界杯决赛阶段的比赛。在1976年蒙特利尔奥运会上夺得冠军的民主德国队，却未能在奥地利队、土耳其队和马耳他队所在小组突围，再次无缘世界杯。

1977年4月13日，贝肯鲍尔宣布自己加盟纽约宇宙队，这也意味着他正式退出了效力12年之久的国家队。两周之后，德国在科隆以5比0击败了北爱尔兰，这是贝肯鲍尔自加盟宇宙队之后所缺席的第一场比赛。随后联邦德国队11场不败，又在6月的

美洲之行中先后战胜了乌拉圭队、阿根廷队、巴西队与墨西哥队，可以说将美洲的强队悉数踩在脚下，这也使得联邦德国队在1978年世界杯前大热。

通过一系列的热身赛，舍恩也找到了一些非常有天赋的球员，比如汉斯·穆勒、鲁梅尼格、迪特·穆勒、克劳斯·菲舍尔、邦霍夫、卡尔茨、施瓦岑贝克、福格茨以及迈耶。这支球队还是一支相当有战斗力的球队。但应该说，这支国家队的实力，并不能与四年前巅峰期的联邦德国队相提并论。尽管如此，作为卫冕冠军，联邦德国队与东道主阿根廷队、荷兰队和巴西队并列为四大夺冠热门。但这四个队都有难念的经：联邦德国队还没有走出缺少贝肯鲍尔的阴影，阿根廷队除了肯佩斯之外没有其他大腕，还有东道主的压力，荷兰缺少了克鲁伊夫，而巴西队还在寻找新贝利。

卫冕冠军联邦德国队与波兰队比赛，足以成为世界杯历史上最无趣的揭幕战之一。波兰人憋足了劲，想报四年前在法兰克福失利的一箭之仇，但联邦德国队的整体攻防严谨，使得东欧人最终也是无可奈何，没有了贝肯鲍尔、奥弗拉特和内策尔的联邦德国队如机器般运转着，虽然缺少活力，却稳定无比，最终两队以0比0握手言和。赛后舍恩发表了一份声明，强调自己理解球迷的失望情绪，但问题是"许多球员都是第一次参加世界杯，而对手则是上届世界杯的季军"。

次战墨西哥，联邦德国队终于打出了些卫冕冠军的风采。迪特·穆勒第14分钟为联邦德国队打开胜利之门，16分钟后汉斯·穆勒锦上添花，第37分钟鲁梅尼格将比分扩大为3比0，第40分钟弗洛赫再下一城。下半场第73分钟与第89分钟，鲁梅尼格与弗洛赫分别再进一球，结束了这场6比0的大屠杀。

击败墨西哥队已经提前出线之后的联邦德国队，在小组最后一轮迎来了突尼斯。菲舍尔和迪特·穆勒都在比赛中浪费了非常好的机会，联邦德国队不得不接受0比0的结果。小组赛三场比赛，两场被对手逼平，联邦德国队不是没有好的前锋，而在于缺少强大中场的支持。也正因为这场平局，德国队被波兰队挤到了小组第二名的位置上，这使得他们在第二阶段小组赛中将遭遇意大利队、荷兰队与奥地利队。

意大利队在世界杯上一直扮演着联邦德国克星的角色，在阿根廷世界杯上也是如此。第16次代表联邦德国队参加世界杯的门将迈耶不但创造了门将参加世界杯的纪录，也将自己出色的状态展示得淋漓尽致：意大利人"狂轰烂炸"都被迈耶拒之门外，他几乎是凭借一己之力拯救了联邦德国队。相比之下，联邦德国队的前锋和中场继续碌碌无为，他们收获了本次世界杯上的第三个0比0。

没有了贝肯鲍尔的联邦德国队，与缺少了克鲁伊夫和内斯肯斯的荷兰队进行了第二轮小组赛的第二场比赛。这场比赛的魅力与四年前的那场冠亚军之争相比已经大打折扣。不过好歹联邦德国队打出了本次世界杯上本队最高水准的一场比赛：第3分钟阿布拉姆契克就为联邦德国队首开纪录，第26分钟曾经执教过中国国家队的阿里汉将比分扳平，迪特·穆勒在第70分钟把比分改写为2比1。比赛似乎就要结束了，但荷兰人却用德国人擅长的方式捅了对手一刀——终场前7分钟，柯克霍夫将比分再次追平。第88分钟，赫尔岑拜因与对方替补出场的纳宁加发生冲突，但后者不满裁判只对自己出牌警告，结果被罚出场。后来赫尔岑拜因说纳宁加打了他的肚子，而纳宁加则一口咬定对方打了他的鼻子。

两连平的联邦德国队实际上已经失去了卫冕的机会，但只要他们在最后一轮能击败奥地利，还能参加季军争夺战。自1938年以来，奥地利人就从来没有击败过自己的邻居，但这一切在1978年6月21日的科尔多瓦改变了：鲁梅尼格在第19分钟首开纪录，但福格茨第60分钟自摆乌龙，为奥地利打进了扳平的一球。第67分钟，克兰克尔为奥地利反超了比分，5分钟之后，赫尔岑拜因将比分扳成2比2，终场前两分钟，克兰克尔完成绝杀，奥地利以3比2击败联邦德国队，卫冕冠军只名列小组第三。

　　德国媒体称这场失利是"不光彩和耻辱的"。这场在科尔多瓦的失利，也被称为"科尔多瓦之耻"。联邦德国队在阿根廷的失利，也标志着1972—1974年间黄金一代正式谢幕，退出历史舞台。舍恩在世界杯结束前就向联邦德国足协提出辞呈，他原本计划能率领联邦德国队去争夺第三名，却最终一无所获。从1964年11月4日接手球队到1978年6月21日辞职，舍恩共率领国家队打了139场比赛，总战绩为87胜31平21负。

德瓦尔时代的到来

　　根据联邦德国足坛一个不成文的规定，舍恩离任之后，他的助手德瓦尔接手了球队。事实上，虽然德瓦尔接手时，联邦德国队陷入了一个小小的低谷，但联邦德国足球职业联赛却越来越成功。在经过了1971年的德甲丑闻之后，联邦德国足协于1974年再次做出了改革，为了减小德甲球队与地区联赛之间的差距，建立了乙级联赛，分为南区和北区两组，每组20队，每组的冠军同每组的亚军通过附加赛晋级德甲，德甲榜尾三支球队降级。经过改革的德甲联赛焕然一新：拜仁在1973—1974赛季至1975—1976赛季实现了欧冠的三连冠，从1979年到1983

年，总共有8支德甲球队打进了欧洲三大杯的决赛，这都为联邦德国国家队的重新崛起打造了良好的环境。

1980年欧洲杯预选赛，联邦德国队力压土耳其队、威尔士队和马耳他队从第七小组晋级，民主德国队未能从荷兰队、波兰队、瑞士队和冰岛队所在小组出线。决赛阶段小组赛，鲁梅尼格第55分钟的进球帮助联邦德国队战胜捷克斯洛伐克队，之后阿洛夫斯上演"帽子戏法"，联邦德国队在第二场比赛中击败了宿敌荷兰队，末战以0比0战平希腊之后，联邦德国队以小组第一名的身份与另一个小组的第一名比利时队会师决赛。比利时队是作为黑马杀入决赛的，队内有普法夫这样的世界级球员，但他们的实力不足以阻止联邦德国队加冕：赫鲁贝施在第10分钟就为联邦德国队先拔头筹，虽然比利时人在第72分钟扳平了比分，但第90分钟赫鲁贝施梅开二度，完成绝杀。联邦德国队历史上第二次举起了欧洲冠军的奖杯。德瓦尔时代可以说是赢得了一个开门红。鲁梅尼格也在1980年赢得金球奖，并在第二年蝉联这一殊荣。

1980年欧洲杯后，在本次欧洲杯上表现出色的舒斯特尔转会巴塞罗那。这名联邦德国足坛的怪才在西班牙呆了13年，他从巴萨直接转会皇马，又从皇马去了马德里竞技。熟悉西班牙足球的人，当然会知道这些直接转会会引起怎样的轩然大波。

十、1982年西班牙世界杯——蒙羞的联邦德国队

上任不到两年，德瓦尔就率领球队夺得了欧洲杯。此后的世界杯预选赛，1980年莫斯科奥运会亚军民主德国队被波兰队淘汰，联邦德国队则势如破竹，八战八胜，力压奥地利队、保加利亚队、阿尔巴尼亚队和芬兰从小组出线，8场比赛进了33球，只丢了3球。1978年"科尔多瓦之耻"的制造者奥地利在联邦德国队面前毫无反抗之力，两个回合分别以0比2和1比3告负。即便如此，德瓦尔却并不受球迷的喜爱，在1984年欧洲杯失利之后就被足协炒了鱿鱼，这是偶然的原因吗？事实上，德瓦尔带领的联邦德

国队，已经与球迷渐行渐远，取胜才是唯一的标准。至于前任舍恩所注重的体育精神、比赛作风都不再重要了。这不是德瓦尔一个人的问题，整个联邦德国队的风貌都为人所不喜。

应该说，参加1982年世界杯的联邦德国队，实力比1980年欧洲杯夺冠的联邦德国队又有了很大提高，马特乌斯这样的新生代球员已经在国家队崭露头角。但联邦德国队的表现却让人失望：小组首战，欧洲冠军就遭遇"开门黑"，以1比2负于阿尔及利亚。阿尔及利亚队主帅赛后表示，作为欧洲冠军，联邦德国队对阿尔及利亚队缺乏尊重，这激怒了他的球员。而这一切，显然与联邦德国队主帅德瓦尔的态度有直接的关系。德瓦尔在赛前曾表示："如果联邦德国队未能击败阿尔及利亚，我就搭乘下一趟火车回联邦德国。"但德瓦尔并没有兑现自己的诺言。

另一场比赛中，奥地利队以1比0击败了智利队；次轮联邦德国队发威，鲁梅尼格在第9分钟、第56分钟和第66分钟连中三元，莱恩德斯在第81分钟锦上添花，联邦德国队以4比1击败智利队。《踢球者》杂志赛后评价说："进球给了联邦德国队自信。鲁梅尼格不仅打进了三个进球，也证明自己不愧是金球奖的得主。布莱特纳则是球队的大脑。"这轮比赛，奥地利以2比0击败了阿尔及利亚。

第三轮比赛并不是同时进行的，阿尔及利亚队对智利队的比赛被安排在了联邦德国队对奥地利队比赛之前的一天，阿尔及利亚队以3比2取胜，但命运已经不掌握在自己手里了，联邦德国队只要一球或者两球击败奥地利，两队就能携手晋级，如平或者输球则将出局。第二天，世界杯历史上最丑陋的比赛上演了。开赛10分钟赫鲁贝施为联邦德国队进球，按照这样的结果，联邦德国队是小组第一名，奥地利队是小组第二名，同积4分的阿尔及利亚队将因为净胜球的关系被淘汰。接下来的比赛就成了垃圾时间，两队不思进取，再没有发起有威胁的攻势，耗尽了最后80分钟携手出线。

西班牙球迷在看台上高喊"滚蛋，滚蛋"，联邦德国球迷也以焚烧国旗发泄愤怒。对此，德瓦尔在赛后狡辩说："我们的目标是为了晋级，没有展示球技的义务。"马特乌斯也说："我们出线了，这才是最重要的。"联邦德国媒体为之愤怒，称这是"比失败更糟糕的胜利。"联邦德国球迷聚集在球迷所下榻的酒店，要求同联邦德国队对话，球员们却从豪华套间用装了水的气球来还击……2007年，曾经参加过昔日那场对决的联邦德国球员布里格尔，承认在那场比赛中踢了假球，他同时请求阿尔及利亚人民的原谅。这场比赛也促使国际足联做出改革：小组赛末轮此后都同时开哨。

晋级之后的联邦德国队遭遇的对手是英格兰队与西班牙

队。德瓦尔一口气换下马加特、利特巴尔斯基和赫鲁贝施三名主力，强大的英格兰队曾经在小组赛中以3比1击败过法国队，并在本届世界杯上保持不败，但面对联邦德国队，英格兰人无计可施。鲁梅尼格在第86分钟时曾有一脚18米外的远射击中横梁，但除此之外两队再无破门良机，以0比0握手言和。

对阵西班牙队，联邦德国队终于找到了打世界杯的感觉：利特巴尔斯基第50分钟首开纪录，菲舍尔第75分钟锦上添花，西班牙只是在终场前9分钟打进了挽回颜面的一球，却不得不尴尬的成为了1938年以来最早出局的东道主。西班牙媒体也承认，从这场比赛来看，联邦德国队显然是更出色的球队，但在伯纳乌球场如此早早出局，也是西班牙足球耻辱的一页。取胜的联邦德国队以小组第一名出线。

舒马赫的夺命脚

半决赛联邦德国队在塞维利亚对阵法国队，双方上演了本次世界杯上最精彩的一场比赛，在120分钟内打进了6球，也成为了世界杯历史上首次需要点球决战才能决定胜利者的比赛。联邦德国队队长鲁梅尼格因伤没有首发，取而代之的是马加特。第17分钟，利特巴尔斯基禁区外的远射为联邦德国队首开纪录，10分钟后，普拉蒂尼点球扳平还以颜色。第55分钟，普拉蒂尼中路突破连过两人，最后时刻的射门高出横梁，球飞到看台上，兴高采烈的法国球迷将此球"扣留"。主裁示意用备用球继续比赛，拿到球之后的舒马赫做了一个要把皮球抛上看台的动作，令全场哗然。

1分钟后，普拉蒂尼中场右路送出过顶球，巴蒂斯通从后排插上，见势不妙的舒马赫冲出禁区高高跃起，恶狠狠地用自己的骨盆撞向巴蒂斯通。巴蒂斯通的挑射滑门而过，他也被舒马赫撞翻在地，当即昏迷不醒。法国队队长普拉蒂尼后来回忆说："我以为巴蒂斯通死了，因为我根本摸不到他的脉搏。"就在法国球员心急如焚的时候，舒马赫却站在皮球前准备开球，一副事不关己的样子。当值的荷兰裁判不但没有判罚任意球，也没给舒马赫任何警告。巴蒂斯通随即被送往医院，医生发现他门牙脱落。听说了这一消息，舒马赫的第一反应是："都是职业球员，没什么大不了的，补牙的钱我来出。"

如果你了解舒马赫是怎样一个人，就不会对他做出这样的事情感到意外。他16岁的时候，就和首任妻子玛丽有了一个儿子。他能光着膀子、戴着金项链、背着手套就去接受电视台的直播采访……这样一个桀骜不驯的人，直到15年后接受采访时，在谈到与巴蒂斯通的冲撞，他还是理直气壮地说："在相同的情况下我还是会做同样的事情。不管你们信不信，我确实是冲着皮球去的。"法国有媒体在赛后做了一个关于"你最讨厌的联邦德国人"的问卷调查，结果是伟大的舒马赫先生，将希特勒挤到了次席。

巴蒂斯通刚替补上场10分钟就重伤下场，对法国队的全盘战略部署显然是致命的，两队1比1战平进入加时赛，蒂加纳、普拉蒂尼和吉雷瑟组成的"铁三角"还是发挥出了极大的威力：第92分钟，特雷索的中路劲射破门，6分钟后，吉雷瑟禁区外的远射又中柱入网。在落后的情况下，德瓦尔换上了伤势尚未痊愈的鲁梅尼格，后者在第102分钟门前抢点破门。扳回一球的联邦德国队士气大振，6分钟后，菲舍尔的惊天倒勾为联邦德国扳平了比分，这个进球也被评为1982年年度最佳进球。在点球大战中，尽管施蒂利克的点球率先被扑出，但神勇的舒马赫扑出了对方的两个点球，联邦德国以5比4取胜，以总比分8比7晋级。这是世界杯历史上最经典的一场逆转，但舒马赫却为这场比赛留下了永远的污点。

再见，德瓦尔

联邦德国队继1954年世界杯、1966年世界杯和1974年世界杯之后，再次站在了决赛的场地上。意大利球员布鲁诺·孔蒂说："其实我们决赛更愿意和法国队交锋。联邦德国队后防线非常出色，又善于对抗。如果鲁梅尼格能出现在锋线上，那他们的锋线对我们也有很大的威胁。"孔蒂的话代表了绝大多数意大利球员的观点。至于联邦德国队，球队的问题在于球员们心情很焦躁，很多球员无法理解，为何球队已经打进了决赛，批评声还是铺天盖地？除了舆论的压力之外，鲁梅尼格的伤也是一个问题。面对德瓦尔的犹豫，大腿有伤的鲁梅尼格说："风险和伤痛会很常见，但人生中的世界杯决赛只有一次。"

这是一次充满了争议的世界杯决赛，意大利人在第一轮小组赛中一场未胜，联邦德国人则在德法之战中给人留下了不光彩的印象，两队决赛会师，让人颇有微辞。决赛上半场双方都非常谨慎，但对抗很激烈，意大利队的格拉齐亚尼在第7分钟就受伤下场，第27分钟，布里格尔禁区内绊倒孔蒂，卡布里尼却射丢了点球，意大利错失领先良机。两队在上半场以0比0平分秋色。就在很多人以为这届世界杯决赛又将成为一场闷战的时候，意大利队开始发威：第56分钟，罗西接队友右路传中头球破门，第68分钟，联邦德国队大举压上，意大利队打出反击，塔尔德利禁区外的远射将比分扩大为2比0。2分钟后，联邦德国队又遭遇重创，鲁梅尼格因伤下场，德瓦尔只能换上汉斯·穆勒。两球落后的联邦德国队已经乱了阵脚，德瓦尔的调兵遣将也不是很灵光，第82分钟，意大利队再次发动反击，无人防守的阿尔托贝利扫射破门。尽管两分钟后布莱特纳为联邦德国队扳回一球，他也成为了继贝利和瓦瓦之后，在两届世界杯决赛都有进球的球员，却无法挽救联邦德国队1比3失利的命运。

联邦德国队本场比赛输得无话可说，对意大利夺冠很不屑的是巴西人。济科在后来谈及1982年世界杯的时候说："我认为，意大利夺冠，让世界足坛整体走了下坡路，如果巴西夺冠了，那么情况将截然不同。"至于联邦德国队，世界杯第二，一个还不错的战绩，不是吗？全队还幻想着鲜花和掌声在迎接，但等着他们的是一片冷漠。这支联邦德国队，已经不是那支得到球迷爱戴的联邦德国队了。

后来，在1984年欧洲杯预选赛中，德国队也表现得差强人意：首战就在客场以0比1输给了北爱尔兰队，客战阿尔巴尼亚队，也仅仅是凭借沃勒尔第54分钟和鲁梅尼格第66分钟的进球才以2比1小胜。对阵土耳其队的比赛，鲁梅尼格梅开二度，德雷姆勒锦上添花，联邦德国以3比0获胜，仿佛恢复了一点元气，但接着球队又在客场被奥地利逼平。再战奥地利，鲁梅尼格第4分钟先进一球，沃勒尔在第19和21分钟梅开二度，联邦德国队3比0取胜。这场胜利也多少鼓舞了联邦德国队球员的斗志，主场对土耳其队，沃勒尔和鲁梅尼格各入两球，斯蒂利克锦上添花，5比1的结果多少让人看到了点世界杯亚军的风采。但德瓦尔的球队很不稳定，竟然在主场关键一场比赛中输给了北爱尔兰队。虽然末战联邦德国队以2比1击败阿尔巴尼亚队以净胜球的优势力压北爱尔兰队出线，但堂堂世界杯冠军在小组赛中被北爱尔兰队双杀，最后仅仅凭借净胜球的优势才得以晋级，实在不是光彩的事情。可以说在小组赛阶段，德瓦尔就为自己埋下了下课的隐患。民主德国队在比利时了、瑞士队和苏格兰队所在的小组名列第三，未能出线。

决赛阶段联邦德国队与西班牙队、葡萄牙队和罗马尼亚队在一个小组。联邦德国队以0比0战平葡萄牙队，面对罗马尼亚队，沃勒尔在第25分钟和第66分钟打进两球，罗马尼亚队的克拉斯在第46分钟扳回一球，联邦德国队以2比1小胜。对阵西班牙，联邦德国队原本出线形势一片大好，却被马切达在第90分钟头球绝杀，惨淡出局，德瓦尔也随即下课，他是第一个被联邦德国足协炒掉的教练。截至今天，德瓦尔依然是唯一的一个首次代表联邦德国队参加大赛就赢得冠军的主帅，他还率领联邦德国队创造过23场不败的纪录，其中12场取胜。德瓦尔执教联邦德国队的总战绩是67战44胜12平11负，但他的执教理念与联邦德国人的传统思维方式格格不入，因此也成为联邦德国历史上的短命教练之一。

　　德瓦尔下课之后，德国队进入了一个低谷。联邦德国足协的任务是尽快找到一个德瓦尔的接任者。助教接任的惯例被打破了，德瓦尔的助教里贝克在丑闻之战中就没有扮演好的角色。纽贝格心目中最合适的人选当然是贝肯鲍尔，还有比贝肯鲍尔更合适的人选吗？那时候的贝肯鲍尔已经从宇宙队挂靴了。但是早在1982年，贝肯鲍尔作为媒体特约的嘉宾去西班牙世界杯观战的时候，他对人们说："有一点我非常清楚，那就是我永远也不可能成为一名好的教练。"纽贝格的第二人选是本特豪斯，后者刚刚率领斯图加特赢得1983—1984赛季的德甲冠军。问题是本特豪斯正在加拿大度假，联系不上，况且本特豪斯与斯图加特还有合同在身，并非是自由人。

　　在欧洲杯决赛上，纽贝格见到了贝肯鲍尔，说服了后者暂时做联邦德国队的临时主帅。按照当时的说法，贝肯鲍尔将执教到本特豪斯与斯图加特的合同到期后为止，然后实现自然过渡。但接下来的一个赛季斯图加特成绩崩盘，只滑落到联赛第10名，本特豪斯去瑞士执教，贝肯鲍尔则继续担任联邦德国队的主帅。

十一、1986年墨西哥世界杯——功亏一篑

贝肯鲍尔的首要任务，是为1986年世界杯打造一支全新的球队。贝肯鲍尔那时还没有教练证书，所以联邦德国足协只能称他领队，而不是主教练。在贝肯鲍尔看来，除了稳固的防守和顽强的斗志，除了锋线上的沃勒尔和鲁梅尼格，贝肯鲍尔手里并没有什么好牌。谈到组队标准，贝肯鲍尔说："不要艺术家，只需要值得信赖的球员，绝大多数是'盲人'（指缺乏想象力的球员）。"在很多年以后，贝肯鲍尔谈到这个话题的时候突然大笑起来，并反问记者："难道你们真的相信

我就是靠这样的球员打进世界杯决赛了吗？"

贝肯鲍尔究竟选了一些什么样的球员，不妨看看他在9月12日率队所打的第一场热身赛时的首发：这其中包括舒马赫、布雷默、马特乌斯、马加特和沃勒尔，一批才华横溢的球员，哪有点缺乏想象力的样子？为什么提到贝肯鲍尔率队所打的第一场热身赛？因为这场热身赛的对手，恰好是阿根廷，"贝氏联邦德国队"永远的对手，阿根廷以3比1取胜。当时这支阿根廷队内有布鲁查加，但没有马拉多纳。

初出茅庐的贝肯鲍尔

联邦德国队的小组抽签并不理想，同组的有欧洲杯季军葡萄牙队、北欧海盗瑞典队以及东欧劲旅捷克斯洛伐克队，除了马耳他队是明显的来"打酱油"之外，其他三支球队都有打世界杯决赛阶段比赛的实力。面对这样的抽签结果，贝肯鲍尔只对自己的球员说了一句话，就缓解了球员的紧张情绪："遇到我们，他们的运气真不好。"

的确如此，第一支倒霉的球队是瑞典。比赛打到第75分钟还是0比0，这时候贝肯鲍尔用拉恩替下了马加特。拉恩上场之后15秒就进球了，此后鲁梅尼格在第88分钟为联邦德国将比分锁定为2比0。被替下的马加特心服口服。他后来谈到这场比赛的时候说："虽然没有教练证，但贝肯鲍尔绝对有做教练的天赋，他有阅读比赛的能力。"次战马耳他，联邦德国队以3比2小胜。与小组最强对手葡萄牙队在里斯本的对决，联邦德国队赢得轻松惬意，利特巴尔斯第28分钟首开纪录，沃勒尔37分钟再下一城，虽然葡萄牙队第57分钟扳回一球，但于事无补。

接下来的比赛，联邦德国队以6比0击败了马耳他队，在客场以5比1击败了捷克斯洛伐克队，5战5胜的联邦德国队拿到了10分，已经提前获得了出线资格。剩余的比赛，联邦德国队以练兵为主：2比2平瑞典，在斯图加特1球小负的葡萄牙队，这也是联邦德国队在预选赛遭遇的唯一一场失利，末战2比2战平捷克斯洛伐克队之后，稳居小组第一名晋级。

民主德国队与法国队、保加利亚队、南斯拉夫队和卢森堡队同组，最终排名在法国队与保加利亚队之后名列第三，未能出线。

在贝肯鲍尔的率领下，球队越来越有自信，在1986年年初的几场热身赛中，联邦德国队以2比1击败意大利队、2比0击败巴西队、1比0击败瑞士队、3比1击败荷兰队，仅仅与南斯拉夫队的比赛收获了一场1比1的平局。在世界杯之前，还出了这样一件事，那就是贝肯鲍尔觉得自己还需要一名有攻击力的中场，他想请早已不为国家队效力，而在西班牙效力的舒斯特尔重新代表联邦德国参加世界杯，结果舒斯特尔的老婆回答说——可以，没问题，拿100万马克来。结果面对这样的无理要求，纽贝格还真的去找阿迪达斯方面想办法去了，但桀骜不驯的舒斯特尔最终未能重返国家队。

虽然说贝肯鲍尔的德国队在小组赛期间表现不错，但必须承认，1986年的贝肯鲍尔，还不是一个成熟的教练，还不知道如何去与媒体和球员打交道。而也正是他的过于强硬，使得联邦德国队在1986年世界杯的时候，受到了一些场外因素的干扰。比如门将施泰因，他在八分之一决赛后骂贝肯鲍尔是"汤水小丑"之后被纽贝格从墨西哥赶回了家。贝肯鲍尔在20世纪60年代曾经代言过某汤水的广告，但这并非激怒施泰因的主要原因。贝肯鲍尔最大的错误在于，他过于强势的宣布施泰因是舒马赫的替补，但施泰因并不认为是自己实力不济，而是因为自己没有和联邦德国队的赞助商阿迪达斯签订有关的协议。因此施泰因才破口大骂，最终被纽贝格赶走。这名那个时代最出色的门将，只代表联邦德国队出战过6场。1990年，贝肯鲍尔曾经想召施泰因重返国家队，但被联邦德国足协回绝了。

贝肯鲍尔不知道如何与手下的球员和睦相处，以至于队内突发事件频出。比如迪特·赫内斯，贝肯鲍尔经常当着人面叫他"白痴"，而这名拜仁的前锋则反驳说："你没资格这样叫我。"让贝肯鲍尔很下不来台。闹事的还有年轻的托恩，他意识到太年轻无法打比赛的时候，在公共场合表态说："我在这里什么也学不到，我要回家。"年轻的贝肯鲍尔还经常冲联邦德国足协的官员发脾气，在场边指挥比赛的贝肯鲍尔总是扯着领带，敞着衬衣扣子，好像要跟谁打架一样。在决赛之前，他还把辞职信扔到了纽贝格桌子上，他说自己不知道怎么处理好公共关系……

就是这样一个贝肯鲍尔，率领德国队开始了世界杯的征程。贝肯鲍尔也为自己找好了在这支球队的替身——奥根塔勒。联邦德国对垒乌拉圭的开局并不顺利，开场4分钟就以0比1落后。此后联邦德国队掌握了局面，但乌拉圭人的小动作非常多，用频频的犯规打断联邦德国的进攻节奏。比赛的最后关头，贝肯鲍尔祭出了三前锋的阵容做最后一搏，在鲁梅尼格、沃勒尔和阿洛夫斯的连番冲击下，乌拉圭的后防线终于被撞开了一条裂缝，阿洛夫斯在第84分钟为联邦德国队将比分扳平。

四天后，对阵苏格兰时，联邦德国队又遭遇麻烦：开场17分钟就落后，但联邦德国队以再次顽强地实现了逆转——第22分钟沃勒尔将比分扳平，第55分钟，上一场比赛为联邦德国队打进扳平一球的阿洛夫斯帮助联邦德国队逆转。联邦德国队两战得到3分，两连败的苏格兰提前出局。

　　对阵丹麦队之前，联邦德国队训练营又出事故：鲁梅尼格因为对做替补不满，与来自科隆的阿洛夫斯和舒马赫吵了起来，但这次"叛乱"很快被平息。不过，这次纠纷还是对联邦德国队最后一场小组赛产生了影响，联邦德国队以0比2完败，贝肯鲍尔坚持让沃勒尔和阿洛夫斯首发，替补出场的鲁梅尼格并没有把握住进球的机会。对于1958年以来首次击败联邦德国，丹麦主帅皮昂特克并不以为然。他说："劳德鲁普在比赛中只发挥出了50%的水准，如果联邦德国队只有这个水平的话，恐怕很难在本次世界杯上有好的表现。"三战全胜的丹麦以小组第一名的身份晋级，联邦德国队只是拜乌拉圭队被苏格兰队逼平所赐以第二名晋级。

　　虽然联邦德国队只是小组第二名，但运气很不错的遭遇了在F组名列榜首的摩洛哥队。两队的宗旨一致，就是不丢球。摩洛哥人是通过漂亮的短传配合发动攻势，而联邦德国队则变阵"343"，鲁梅尼格也终于获得了首发机会，并通过两个边路寻找机会。不过，突然的变阵使得联邦德国队球员并不是非常适应，场上局面一直僵持不下。闷局直到第87分钟才被打破，马特乌斯的任意球贴着地面飞向球门，对手门将视线被挡猝不及防，联邦德国队凭借此球晋级。这场比赛赛后也被联邦德国媒体认为是"毫无光彩的"。

1986年世界杯4场四分之一决赛，有3场打了加时赛，德国队对墨西哥队的比赛就是其中之一。墨西哥队的实力虽然不强，但毕竟有东道主之利，是块难啃的骨头。联邦德国队继续以三后卫出战，贝肯鲍尔对球队的要求与上一场一样：不丢球。结果在全队努力地防守之下，超额完成了贝肯鲍尔的指示，不但在120分钟没丢球，也没进球，唯一的遗憾是贝特霍尔德在第64分钟就被罚下。比赛不得不进入点球大战，连续跟施泰因和鲁梅尼格较劲的舒马赫这次获得了表现的机会，扑出了对方的两个点球，联邦德国队负责主罚的阿洛夫斯、布雷默、马特乌斯和利特巴尔斯基则全部命中。联邦德国以4比1淘汰东道主晋级。

在半决赛中德法再次狭路相逢，这让人又想起了四年前的塞维利亚之战。当时身体素质更出众的联邦德国队占据了优势，舒马赫在那场比赛中扮演了重要的角色。法国队依然是热门，在联邦德国媒体展开的问卷调查中，仅有35%的联邦德国球迷认为，联邦德国队将在这场比赛中击败法国队晋级决赛。与前几场比赛相比，贝肯鲍尔将阵形重新变回了"442"，锋线的搭档则变成了阿洛夫斯和鲁梅尼格，沃勒尔坐在替补席。总是开局落后的联邦德国队在开场9分钟就打进了决定性的进球，布雷默的任意球势大力沉，门将扑了一下但还是撞入了网窝。此球之后，联邦德国队可以从容地进行防守反击，将比赛纳入了自己的节奏。第90分钟，舒马赫手抛球发动反击，阿洛夫斯左边路将球传给了无人看守的沃勒尔，替补出场的沃勒尔单刀面对法国队门将，法国队门将巴茨冲出禁区：这一幕与当年舒马赫撞飞巴蒂斯通非常相似，但巴茨显然没有舒马赫那样心狠手辣，于是沃勒尔将皮球挑过门将送入空门。联邦德国队第五次打进决赛，创下了世界杯的纪录，而法国人则再次被联邦德国挡在了决赛圈之外。

黑色五分钟

决赛在联邦德国队与阿根廷队之间进行。这是欧洲球队与南美球队继1958年、1962年、1970年、1978年之后第五次在决赛中对决。但比拉尔多麾下的阿根廷队更有欧洲球队的战术头脑，队内有包括马拉多纳、布鲁查加和帕萨雷拉等6名主要球员都是来自欧洲球队。贝肯鲍尔的联邦德国队明显是弱势一方，而贝肯鲍尔也明白，能否赢得比赛的关键是是否能限制马拉多纳。此外，马特乌斯的伤也困扰着球队。在对法国的半决赛中，马特乌斯的手臂骨折，是带伤打满比赛的，至于被停赛的贝特霍尔德，其位置被雅克布顶替。

114600位球迷在现场观看了世界杯历史上最经典的一场决赛：第23分钟，马特乌斯边路犯规，布鲁查加右路开出任意球，舒马赫出击未拿到球，布朗头球破门；第54分钟，马拉多纳将球敲到左路，巴尔达诺推射远角破门。两球领先的阿根廷人忽视了联邦德国人的斗志，落后的联邦德国队反而放开了手脚。第74分钟，布雷默左路开出角球，沃勒尔前点头球摆渡，之前一直表现平平的鲁梅尼格中路抢射扳回一球。而在鲁梅尼格进球之前，《踢球者》对他的评论是："真奇怪，贝肯鲍尔为何还不换他下来。"第80分钟，联邦德国队故伎重施，依然是布雷默左路罚角球，中路埃德尔头球争顶，沃勒尔头球接力为联邦德国队扳平比分。

马特乌斯后来回忆说："当时我们本以为，我们有机会拿到冠军了，因为无数次的先例证明，一旦联邦德国队这个时候进球，对手就崩盘了。"就在人们以为比赛将会进入加时赛，然后联邦德国人又将创造奇迹的时候，马拉多纳第85分钟中圈内的直传决定了比赛结果，布鲁查加的进球让联邦德国队饮恨。

联邦德国队的平局只维持了5分钟，联邦德国队距离最后的加时赛也只有5分钟。这黑色的5分钟改变了联邦德国队的命运。这是一届属于马拉多纳的世界杯。联邦德国媒体赛后只能感叹："'FC马拉多纳'击败了联邦德国队。"《南德意志报》后来分析说："贝肯鲍尔注意到了马拉多纳，却忽视了对巴尔达诺和布鲁查加的防守，这是最大的问题。不过必须承认，阿根廷队是更出色的球队，联邦德国队能打进决赛已经很不容易了。"贝肯鲍尔也对球队的表现表示满意，他将球队与1974年的联邦德国队对比："1974年我们是程序化的世界冠军，我们只要一场一场去取得胜利就可以了。本次世界杯，每个人都展示出了让人吃惊的状态。"

以这支世界亚军队为基础，德国队迎来了1988年欧洲杯。作为东道主联邦德国队无需参加资格赛，而民主德国队一如既往地未能晋级。联邦德国队小组赛一路以1比1战平意大利，2比0击败丹麦队和西班牙队，以小组第一名的身份晋级。半决赛在慕尼黑奥林匹克球场进行。第55分钟，克林斯曼为联邦德国队制造了点球，马特乌斯一蹴而就，但科曼和巴斯滕为荷兰队连进两球，联邦德国队遗憾地在半决赛出局。

其实联邦德国队能在本次欧洲杯上有这样的发挥，已经相当不容易。对比1986年世界杯和1988年欧洲杯的名单就会发现，像鲁梅尼格、马加特、阿洛夫斯和舒马赫这样的老将已经离开，克林斯曼、科勒尔这样的年轻人已经逐渐占据了主力的位置。经过了欧洲杯的磨炼之后，这支年轻的联邦德国队开始向1990年世界杯的宝座冲刺。而在这次世界杯上收获最大的，其实是贝肯鲍尔，他学会了外交辞令，《南德意志报》评价说："1986年世界杯后，贝肯鲍尔从一名没什么经验的教练，蜕变成了一名外交家。"

世界杯英雄——鲁梅尼格

鲁梅尼格是20世纪80年代世界足坛最出色的球员，他跟随联邦德国队夺得了1980年欧洲杯的冠军。此后，他又作为联邦德国队队长，率领球队打进了1982年世界杯和1986年世界杯的决赛。虽然与神射手席勒一样，鲁梅尼格并没有夺得过世界杯的冠军，但他对德国足球所做的贡献，却足以载入德国足球的史册，两次欧洲金球奖是对其职业生涯最大的肯定。

鲁梅尼格于1955年出生在北威州的利普施塔特。1974年，也就是德国队夺得世界杯冠军的那一年，一名叫做莱纳克的球探发现了鲁梅尼格的才华，拜仁只花了2万马克就把他挖到了手中。此后鲁梅尼格在拜仁逐渐成长起来，并成为了"轰炸机"穆勒的合格接班人。

随着拜仁在20世纪70年代中期的大获成功，鲁梅尼格也走入了国家队的视野。1975年9月2日，鲁梅尼格第一次入选国家队，当时联邦德国队以2比0击败了奥地利队。一年之后的10月6日，鲁梅尼格终于完成了在国家队的处子秀，联邦德国以2比0击败了威尔士。两年之后，舍恩将这名年轻的边锋招入国家队，代表联邦德国队参加1978年世界杯。1978年世界杯，对联邦德国队来说是一次耻辱的世界杯，联邦德国队在第二阶段小组赛中一场也没赢，早早出局。但鲁梅尼格却成为联邦德国队在这次世界杯上最大的发现：在第一阶段小组赛中，鲁梅尼格就在对墨西哥队的比赛中打进了两球，第二阶段小组赛对阵奥地利队的比赛，又是鲁梅尼格为联邦德国队首开纪录，只可惜此后联邦德国队出现了罕见的大崩盘，被奥地利队人以3比2击败。

回国之后，这支德国队的表现受到了媒体的批评，但鲁梅尼格的表现则得到了所有人的认可。《图片报》是这样描述鲁梅尼格的："在一支乱糟糟的联邦德国队中，唯一带给人们惊喜的是鲁梅尼格。人们为联邦德国队又诞生了这样出色的前锋而感到骄傲，但鲁梅尼格自己肯定很悲伤，因为跟随着这样一支球队，他看不到夺得冠军的希望。"

两年之后鲁梅尼格就跟随着联邦德国队夺得了冠军——欧洲杯冠军。鲁梅尼格在对捷克斯洛伐队的比赛中，打进了唯一的一球，决赛对阵比利时队，他又助攻赫鲁贝施打进了制胜的一球，这也使得鲁梅尼格当选了本次欧洲杯的最佳球员。1980年对鲁梅尼格是成功的一年，因为这一年他以26个进球还夺得了德甲的射手王。1981年，主帅德瓦尔将联邦德国队队长的袖标交给了鲁梅尼格，他成为联邦德国队新的领袖。

1982年世界杯上，新任联邦德国队队长鲁梅尼格表现惊艳——他总共打进了5球。其中小组赛对智利队上演了"帽子戏法"。这届世界杯也记载了鲁梅尼格传奇的一幕：半决赛对阵法国队的时候，受伤的鲁梅尼格并没有首发。在加时赛中，联邦德国队以1比3落后的情况下，鲁梅尼格在第97分钟带伤上场，却成为扭转战局的关键先生：他在第102分钟的进球为德国队吹响了反击的号角。在接下来的点球大战中，他又打进了一球，极大地鼓舞了联邦德国队的士气，最终帮助联邦德国队完成了这场经典的逆转。现任欧洲足联主席普拉蒂尼也承认，这辈子自己最大的梦魇就是鲁梅尼格。在决赛中，鲁梅尼格依旧是带伤上阵，只可惜伤病严重地影响了他的发挥，他在第70分钟就被换下。

鲁梅尼格的第三次世界杯之旅是在前队友贝肯鲍尔的带领下。但伤病依然困扰着鲁梅尼格，小组赛的三场比赛，他都仅仅是替补出场，却一无所获。从八分之一决赛到半决赛，鲁梅尼格都未能取得进球，直到决赛中，鲁梅尼格才打进了一球，但联邦德国队却依然以2比3不敌马拉多纳领衔的阿根廷。

两次打进世界杯决赛，两次以亚军收场，世界杯的经历对鲁梅尼格来说是悲剧性的。1986年世界杯后，有些心灰意冷的鲁梅尼格结束了自己的国家队生涯。尽管未能举起世界杯，但鲁梅尼格在联邦德国队的表现，依然是有传奇色彩的。鲁梅尼格曾经两夺金球奖，1980年他夺得金球奖时，共25张选票，有24人将鲁梅尼格放在第一名的位置上，首选率高达96%，这一纪录迄今无人能够打破。

十二、1990年意大利世界杯——贝肯鲍尔的加冕仪式

这是民主德国队和联邦德国队最后一次分别组队参加的世界杯，预选赛民主德国队与苏联队、奥地利队、土耳其队和冰岛队分在一组，未能出线。联邦德国队的预选赛打得也不顺利，因为这次他们与1988年欧洲杯的新科状元荷兰队分在了一组，同组的还有芬兰队和威尔士队。

首战芬兰队，沃勒尔在第7分钟和第15分钟梅开二度，马特乌斯第52分钟锦上添花，里德尔也在第87分钟斩获一球。补充了哈斯勒、里德尔等新人的联邦德国队显示出了强大的攻击

力。次战荷兰队，尽管对手缺少了中场核心古力特，但联邦德国队依然未能在奥林匹克球场取胜，两队只能以0比0握手言和。转战鹿特丹，里德尔在第68分钟为联邦德国队打进首球，荷兰队直到第87分钟才由巴斯滕扳平了比分。

两战都与主要对手荷兰不分伯仲，但远征威尔士的联邦德国队却栽了个小跟头——0比0被逼平之后，他们已经落后荷兰人半拍。接着联邦德国队在主场以6比1击败了芬兰队。这时候荷兰队已经提前出线，2胜3平的联邦德国队拿到了7分，他们要与其他有四支球队的小组第二名在最后一轮结束之后比成绩才能确定是否出线。11月15日，联邦德国队在主场以2比1击败了威尔士队，联邦德国队开场11分钟就一球落后，沃勒尔在第25分钟，哈斯勒在第48分钟帮助联邦德国队完成了逆转。这场看似不怎么重要的资格赛，却被贝肯鲍尔称为"执教以来最重要的比赛"。拜罗马尼亚队最后一轮以3比1击败丹麦队，积9分的联邦德国队才力压丹麦出线，后者积8分成为成绩最差的小组第二而被淘汰。

小组赛势如破竹

毫无疑问，在意大利世界杯上，联邦德国队是小组赛表现最为抢眼的球队，而对很多中国球迷而言，那届世界杯给所有人留下了非常美好的回忆。首战南斯拉夫队，联邦德国队迅速进入了状态：第28分钟，马特乌斯在"自己的主场"（比赛在梅阿查球场进行，他当时效力国际米兰）远射为联邦德国队先拔头筹；第40分钟，布雷默左路传中，克林斯曼漂亮的俯身冲顶为联邦德国队将比分改写为2比0。虽然约基奇为南斯拉夫人扳回了一球，但此后的比赛为联邦德国人所控制：第63分钟，马特乌斯中圈附近就开始带球突破，在禁区前沿以一个漂亮的远射再入一球。第70分钟，布雷默的射门被门将扑了一下，沃勒尔补射破门，联邦德国队以4比1取胜。此战之后，马特乌斯、克林斯曼和布雷默组成的"三驾马车"声名大噪，远射和任意球成为马特乌斯标志性的得分手段。马特乌斯承认，米兰球迷的助威声让他很是兴奋，联邦德国也一跃成为了夺冠热门。

相对于以4比1击败南斯拉夫队的惊艳，联邦德国队以5比1击溃阿联酋队只是正常发挥了自己的水平而已。整场比赛都在联邦德国人的掌握之中，沃勒尔梅开二度，克林斯曼、马特乌斯和拜恩都有斩获，唯一的缺憾在于第46分钟的丢球，很明显是一次精力不集中的失误。因为这个丢球，比赛结束之后，已经临近夜里12点了，贝肯鲍尔将球队召集到一起开会。他只问了一个问题："我们能不能做到精力集中不丢球，如果淘汰赛的时候你们依然如此放松，那就早早收拾东西回家吧。"没人有意见，但事实上也没人把贝肯鲍尔大胜之后的这些牢骚太当回事。

于是在末轮对阵哥伦比亚的时候，人们看到了这样一支联邦德国队：布雷默被禁赛之后边路进攻打不开局面，马特乌斯不停地和裁判吵架，奥根塔勒表现疲软，前锋组合沃勒尔与克林斯曼迟迟撕不开对手防线。好在第87分钟，沃勒尔获得了全场为数不多的机会。他中路突破吸引了对方球员，然后将球送到左路，替补出场的利特巴尔斯基为联邦德国队破门得分。可是好景不长，在终场哨声响起之前，巴尔德拉马中路拿球斜传，林孔面对伊尔格纳推射，皮球射穿联邦德国门将的小门滚入球门。1比1的结果保证了联邦德国以小组第一名进入淘汰赛阶段。可是联邦德国队不光彩的丢球却让贝肯鲍尔大为恼火，这显然又是一次漫不经心的失误造成的。

"口水门"震惊世界

在八分之一决赛中，联邦德国队的对手是老对头荷兰队——本次世界杯的又一夺冠热门。两队在预选赛阶段就在一个小组，尽管与联邦德国队相比，这支荷兰队明显不在状态，但毕竟从

1988年欧洲杯半决赛以来，橙衣军团对联邦德国队保持不败占有心理优势。这两支球队的交手，也让意大利警方大感头疼，因为在一年前的世界杯预选赛上，两队的足球流氓就曾在鹿特丹大打出手，好在这次场外没出什么乱子，可场内的乱子不小，赛后很多媒体概括说，里杰卡尔德向沃勒尔吐口水，然后双双被罚下，但这并不是当时场景的真实写照。

那比赛进行到第24分钟的时候究竟发生了什么呢？那要从第23分钟说起：据沃勒尔回忆说，当时自己从左路突破，被里杰卡尔德铲倒，后者吃到黄牌。里杰卡尔德对此很不满，当时就跟沃勒尔发生了口角，并吐了沃勒尔，第一口没吐到，第二口吐到了沃勒尔的金发上，沃勒尔当时就找主裁判投诉，并且指着自己的头发。但当值的阿根廷主裁没问青红皂白就给了沃勒尔一张黄牌："我很恼火，但是也没再说什么。这时候任意球开进禁区，我在抢点的时候和荷兰队门将范布勒克伦撞在了一起。还没爬起来的时候，里杰卡尔德已经怒火朝天地跑过来冲我喊着：你够了没有？然后掐着我的耳朵把我拉倒了。"

沃勒尔当时满头长发，裁判可能根本没看到他掐耳朵的动作，但看到刚才两个起冲突的人再次惹事，当即就向两人出示了红牌。愤怒的里杰卡尔德在下场的时候又吐了沃勒尔一口，这次被电视镜头清晰地捕捉了下来。在这两分钟的时间内，里杰卡尔德三吐两中，在世界杯上留下了极其不光彩的一页。沃勒尔在这次事件中其实是一个受害者，但也有荷兰媒体后来披露说，沃勒尔对里杰卡尔德进行了具有种族歧视性质的辱骂。5个月之后，当里杰卡尔德代表米兰在罗马再战沃勒尔的时候，里杰卡尔德向沃勒尔表示了歉意，并解释说自己当时压力很大，头脑失控了，因为在世界杯前刚刚和老婆分手。

两队各被罚下了一员大将，相比之下，荷兰人的损失更惨重：因为里杰卡尔德是球队攻防转换中不可或缺的一环。此后荷兰陷入被动，第50分钟，布赫瓦尔德左路下底传中，克林斯曼门前包抄为联邦德国队先下一城，第84分钟，布雷默大禁区角上的弧线球攻门直挂球门远角，虽然科曼最后时刻点球扳回一分，但联邦德国队还是淘汰了欧洲杯冠军昂首进入了四分之一决赛。

四分之一决赛对阵捷克斯洛伐克队，沃勒尔被禁赛，联邦德国队的前场攻击力大打折扣，联邦德国队仅仅凭借着马特乌斯第24分钟的点球才得以过关。这场比赛最让人难忘的一幕是贝肯鲍尔在场边的咆哮，他不理解球队为何在第70分钟对方罚下一人后依然进攻疲软，这也是联邦德国队这次世界杯上打得最差的一场比赛。《图片报》赛后评价这场比赛时说："联邦德国队取胜，但贝肯鲍尔几乎崩溃了！"

　　但凡看过1990年世界杯的，绝对不会忘记联邦德国队与英格兰队这场精彩绝伦的半决赛。在这次世界杯上，联邦德国队令两名天皇巨星般的球星落泪：一个是加斯科因，一个是马拉多纳。而半决赛，全世界球迷见证了加斯科因的眼泪。

　　这场比赛联邦德国队第一次穿上了绿色的客场战袍。在与英格兰人的强强对话中，联邦德国队并没有占到很大优势，沃勒尔更是在第35分钟时受伤，被里德尔替下。第59分钟，哈斯勒突破，制造了一个任意球的机会，布雷默大力抽射，皮球打在帕克身上高高弹起，恰好越过了门将希尔顿的头顶飞进网窝，联邦德国队幸运地以1比0领先。但不幸也接踵而至，受伤的哈斯勒无法坚持，也只能在第67分钟被换下。一场半决赛联邦德国队就折损了两名大将。比赛进入了第80分钟的"联邦德国时段"，顽强的英格兰人却凭借着莱因克尔在禁区内的抽射扳平了比分。

　　120分钟两队以1比1战成平局，点球大战伊尔格纳发挥神勇，扑出了皮尔斯主罚的点球，瓦德尔则将点球射失，联邦德国队的布雷默、马特乌斯、里德尔与托恩则四罚四中，联邦德国队点球以4比3取胜，以总比分5比4淘汰英格兰，第六次杀进决赛，被淘汰后的加斯科因泪洒衣襟。

完美的复仇之战

1986年争冠的两支球队又共同站在了决赛场地上，但已时过境迁：联邦德国队在参加的6场比赛中打进了14个球，创造了世界杯的纪录，而阿根廷队则基本上就是"811"的阵形，中场放一个马拉多纳，前锋一个卡尼吉亚，剩下的都在后场防守，依靠防守反击与列强周旋，半决赛更是点球淘汰了东道主意大利队，引发舆论一片哗然。

贝肯鲍尔用利特巴尔斯基替下了上一场表现平平的托恩，锋线上是克林斯曼、沃勒尔组合，而布赫瓦尔德肩负着冻结马拉多纳的重任，阿根廷队4名主力缺阵，其中包括卡尼吉亚。整场比赛，两支球队几乎都在中场进行对抗，真正的破门良机屈指可数，缺少了卡尼吉亚的马拉多纳孤掌难鸣，第65分钟阿根廷队被罚下一人后形势更是岌岌可危。沃勒尔在第85分钟制造了点球，布雷默主罚，本次世界杯上屡次扑出点球的"点球杀手"戈耶切亚无能为力。此后阿根廷队再被罚下一人，无力反扑，只能以0比1俯首称臣。这也成为了世界杯决赛历史上第一次被一个点球决定了结果的比赛。

关于这个点球，确实是一个疑点，因为判罚点球的确有点牵强。事实上，在这个点球之前5分钟，布赫瓦尔德曾经非常明显的在被禁区内侵犯，但裁判却未判给联邦德国队点球，却送了个可判可不判的点球给联邦德国。媒体赛后分析说，这可能是墨西哥裁判在找平衡。赛后，马拉多纳是这样评价这个点球的："这是我一生中最糟糕的经历。一只黑手造成了我们的失利，裁判会很满意，因为他让意大利和联邦德国人都非常高兴。这股力量强大得超过了马拉多纳。即便是0比4失利，也比由于那个点球输掉比赛好。那个点球不是对抗阿根廷队，而是对抗马拉多纳……"不过，不管马拉多纳怎样想，这场决赛对联邦德国队都是完美的：夺得了世界冠军，又成功地报了四年前的一箭之仇。

很多人对这场比赛已经没有太深的印象了，但对这个点球和马拉多纳的眼泪却记忆犹新。很多人也不明白，为何点球手是布雷默，而不是在对捷克斯洛伐克的四分之一决赛中打进点球的马特乌斯？因为后者一向是联邦德国的头号点球手。对于这个问题，比较达成共识的说法是：在中场休息的时候，马特乌斯曾经换了右脚的鞋子，但这双全新的鞋子并不完全合脚，因此马特乌斯放弃了主罚的机会。

世界杯后，贝肯鲍尔终于拿到了教练证书，但他决定功成身退，他成为继扎加洛之后，又一名以球员和教练身份都拿过世界杯的英雄人物。在新闻发布会上，贝肯鲍尔骄傲地说：
"我们是世界冠军。与民主德国合并之后，我们选择球员的范
围更大，在相当长的时间里，我们都将是不可战胜的，我要对
世界上的其他球队说抱歉了，但事实的确如此。"在国家队大
圆满之后贝肯鲍尔功成隐退并不算什么奇怪的事情，不过也有
传闻说，贝肯鲍尔这样做，是为了自己的第二段婚姻，因为他
于1990年与在联邦德国足协工作的女秘书西碧尔完婚。

后贝肯鲍尔时代的平庸

贝肯鲍尔离开之后，他的助手福格茨成为联邦德国国家队
的主帅，他是贝肯鲍尔昔日在足球场上战友，却没有像贝肯鲍
尔一样在足球场上成为一名成功的教练，或者说，他始终没有
走出贝肯鲍尔留下的阴影。联邦德国媒体普遍认为，从行事风
格来看，福格茨不像前任贝肯鲍尔，倒像前任的前任德瓦尔。

福格茨的首要任务是将民主联邦德国和联邦德国（简称两
德）球员糅合在一起。事实上，既为民主德国队效力过，又为
两德统一后的德国队效力过的球员在国家队一共只有8人，这其
中最出名的有三人：基尔斯滕、萨默尔和多尔。基尔斯滕在国
家队一直是怀才不遇的角色，萨默尔是德国队1996年夺得欧

洲杯的功臣，多尔则是那个政治味道很足的年代最有代表的一个：1991年，有队友揭发他曾是民主德国的秘密警察，虽然多尔对此事矢口否认，但在此事被曝光之后，多尔的状况每况愈下，最终成为了德国足坛昙花一现的人物。

率领球队在1992年欧洲杯上取得好成绩，是福格茨的第一份考卷。但他率领的德国队，在欧洲杯预选赛的第一场比赛就不是很顺利：球队在客场以3比2险胜卢森堡。这是一场很不光彩的胜利。而卢森堡队则将这场比赛视为20世纪90年代最成功的一场比赛，因为他们几乎就逼平了世界冠军。接下来的比赛，德国队以1比0小胜比利时队，马特乌斯开场3分钟就为德国打进了制胜的一球。这也意味着，德国球迷在剩下的87分钟内看了一场非常枯燥无聊的比赛。然而枯燥无聊的胜利也比失败好，接下来客场对威尔士的比赛，福格茨的球队就不得不接受0比1失利的命运。这离贝肯鲍尔的"不可战胜论"只有11个月的时间。

好在回到主场的穆勒发威，沃勒尔、里德尔和多尔也各有斩获，德国队以4比1告捷，才避免了德国足坛的一场地震。此后德国队连胜比利时队和卢森堡队，以小组第一名的身份晋级，然而输给威尔士队的比赛还是给人们留下了不光彩的记忆。

　　小组赛阶段德国队与独联体队^①、荷兰队以及苏格兰队一组。首场比赛，德国队仅仅是凭借着哈斯勒第90分钟的任意球才1比1逼平了独联体，次战苏格兰队没什么麻烦，里德尔和埃芬博格在第30分钟和第47分钟各下一城。但到了第三场小组赛，面对老对手荷兰人，福格茨的德国队又被打回了原型：荷兰人以3比1赢得比赛，德国队只是凭借着克林斯曼的进球挽回了点颜面。里杰卡尔德对这支德国队的评价是："我完全看不到1990年世界冠军的影子。"当然，这也可以理解，因为1990年世界杯的灵魂马特乌斯因伤无缘参加本次欧洲杯。

　　只是因为最后一轮苏格兰队意外的以3比0击败了独联体，德国队才以小组第二名的身份晋级。半决赛中德国队倒是和瑞典队打了一场惊心动魄的比赛，凭借着哈斯勒的任意球与里德尔的梅开二度，德国队以3比2险胜东道主打进决赛。决赛中德国队以0比2失利，以替补身份晋级欧洲杯决赛阶段的丹麦队，创造了欧洲赛场上的安徒生神话。这届丹麦队的实力的确很强，前有小劳德鲁普摧城拔寨，后有舒梅切尔镇守龙门。但《图片报》的问题是："这支丹麦队真的比拥有埃芬博格、克林斯曼、萨默尔等球员的德国队强？"

----

①独联体，全称为独立国家联合体，是由原苏联加盟共和国俄罗斯、白俄罗斯和乌克兰于1991年12月8日在白俄罗斯的首都明斯克签署协议成立的国家联盟。

世界杯英雄——贝肯鲍尔

在德国足球的历史上，出色的球员太多了，他们中有能够攻城拔寨的猛将，有指挥若定的统帅，但"皇帝"只有一个，那就是贝肯鲍尔。因为他在赛场上无比优雅的作风，因为其无与伦比的统治力，他被人尊称为"足球皇帝"。对于这个称号，贝肯鲍尔当之无愧——他和贝利被公认是近代足球历史上最杰出的两人，他于1974年作为队长率领联邦德国队夺得世界冠军。16年后，他又作为主教练率领联邦德国队在1990年意大利世界杯登顶，成为了作为队长和主教练都获得过世界冠军的第一人。

1945年9月11日，贝肯鲍尔出生于德国的慕尼黑。13岁的时候，贝肯鲍尔就加盟了拜仁少年队以业余球员的身份踢球，并兼做保险公司推销员。18岁时，贝肯鲍尔的女友怀孕了，但贝肯鲍尔并不打算与之结婚，于是被联邦德国青年队禁赛，而贝肯鲍尔的名字因为这件事一下红了起来。

但随后贝肯鲍尔越来越成熟，他和"轰炸机"穆勒、门将迈耶一起开创了联邦德国足球历史上的"拜仁慕尼黑时代"。跟随拜仁，他一共四次获得联赛冠军（1982年跟随汉堡又夺一冠），四次夺得杯赛冠军，在欧洲冠军杯中实现了三连冠，并夺得了优胜者杯冠军一座、洲际杯冠军一座。

自1968年以来，贝肯鲍尔就被球迷们称为"足球场上的凯撒大帝"，凯撒在德语里是国王的意思。关于这个名字的由来，有两种说法：一种说法是1968年，拜仁慕尼黑在维也纳进行一场友谊赛，媒体对贝肯鲍尔进行了采访，并且让贝肯鲍尔站在前奥地利皇帝弗朗茨一世的半身像前合影，此后就有了"凯撒贝肯鲍尔"的叫法；另一种说法是，有媒体认为，凯撒的名字来源于1969年6月10日《图片报》的报道，当时报道里称贝肯鲍尔是"国家队的凯撒"，称穆勒是"国家队的炸弹"，于是就有了"皇帝"贝肯鲍尔、"轰炸机"穆勒的叫法。

1965年9月26日，贝肯鲍尔在国家队完成了处子秀，此后他随队征战1966年世界杯。那时贝肯鲍尔所打的位置并不是他所熟悉的自由人，而是进攻型中场，结果作为中场球员贝肯鲍尔打进了4球。决赛中，贝肯鲍尔放弃了自己习惯的位置，而是对查尔顿进行全场盯防，结果英格兰人凭借温布利进球而取胜。谈及这次失利，前联邦德国队主帅舍恩表示，如果不用贝肯鲍尔去防守查尔顿，而让贝肯鲍尔去自由发挥，也许结果会完全不一样。

1970年世界杯上，联邦德国队在四分之一决赛中再次遭遇英格兰队，贝肯鲍尔在联邦德国队以0比2落后的情况下，冲到前场射门得分，帮助球队以3比2逆转取胜。半决赛队对阵意大利队，贝肯鲍尔在肩膀脱臼的情况下仍然扎着绷带坚持战斗，遗憾的是联邦德国队未能闯过意大利这一关，只得到了第三名。1971年，贝肯鲍尔成为了联邦德国队的队长，在接下来的一年，他就率领联邦德国队夺得了欧洲杯的冠军。贝肯鲍尔也成为了继穆勒之后，第二位获得欧洲金球奖的球员。1974年世界杯上，贝肯鲍尔终于率领球队在本土夺冠。两年之后，他又率领联邦德国队杀进欧洲杯决赛，只是在点球大战中惜败于捷克斯洛伐克。但贝肯鲍尔还是在那个赛季再次夺得了欧洲金球奖，他同时也是迄今唯——个两次杀进世界杯决赛同时又打过两次欧洲杯决赛的欧洲球员。

1984年联邦德国队在欧洲杯失意之后，贝肯鲍尔顶替德瓦尔成为了国家队主帅。在他的带领下，联邦德国队杀进了1986年世界杯决赛，只可惜输给了球王马拉多纳率领的阿根廷队。不过四年之后，联邦德国队再度与阿根廷会师决赛，这次贝肯鲍尔率领的联邦德国队笑到了最后——联邦德国历史上第三次举起了世界杯。世界杯后贝肯鲍尔辞去了国家队主帅一职，在率领拜仁慕尼黑于1996年夺得欧洲联盟杯之后，贝肯鲍尔成为了国际足坛少有的全冠王。

　　从投身德国足球的那一天起，贝肯鲍尔的一切都与现代足球密切相关：1984年，他被国际足联授予金质勋章，1999年他当选德国世界足球先生，2004年他成为国际足联百年最佳球员，2006年他作为组委会主席，成功地举办了德国世界杯，并获得了劳伦斯终身成就奖。这一系列的成就，也说明如今已经年近7旬的贝肯鲍尔，的确是德国足坛当之无愧的"皇帝"。

十三、1994年美国世界杯——铩羽而归

如果说1992年欧洲杯德国队在决赛中输球还仅仅是一场意外的话，那么1994年卫冕冠军德国队在美国世界杯上的表现，则真的让人大跌眼镜了。

揭幕战没有爆出冷门，德国队凭借着克林斯曼第61分钟的进球，以1比0击败了玻利维亚队，这是一场理所当然的胜利。考虑到揭幕战以及首场比赛的特殊性，虽然比赛打得不好看，但德国队并没有面临太大的压力。次战西班牙队，虽然那时的西班牙队实力也很强大，拥有像苏比萨雷塔、耶罗、恩里克、

瓜迪奥拉这样的角色，但远不如现在这支西班牙队强大，克林斯曼第48分钟进球，与西班牙握手言和。

末轮对阵有着"亚洲德国队"之称的韩国队，原本是一场走过场的比赛，比赛的进程也证明似乎的确应该如此：克林斯曼第11分钟进球，7分钟后里德尔将比分改写为2比0，上半场第35分钟，克林斯曼梅开二度，德国队半场没结束就以3比0领先。但福格茨低估了韩国人的斗志。当第52分钟和第63分钟韩国人连扳两球追成3比2的时候，《踢球者》对此时德国队的表现是这样评价的："在本次世界杯上，还从来没有一支球队像德国队的中场这样漫不经心。"

见势不妙，福格茨才匆匆调兵遣将。因为对自己第75分钟就被换下场后球迷的嘘声不满，所以埃芬博格冲着自己的球迷竖起了中指。新任德国足协主席布朗又是一个非常注意球队和足协形象的人，布朗说："很多球迷花了很多钱，来到美国看我们的比赛。还有很多在联邦德国出生的美国人，也许他们今后再也没机会看德国队比赛了。侮辱这些人无法得到原谅。"布朗要求埃芬博格立刻收拾东西走人。福格茨也非常明确的表示："只要我还是德国队主帅，埃芬博格就别想重返国家队了。"

尽管德国队在小组赛中以两胜一平的战绩获得了小组头名，但他们的表现让对手已经意识到，卫冕冠军德国队，已经不能和四年前的那支联邦德国队相提并论了。《南德意志报》在总结德国队小组赛的表现时评价很经典："带着卫冕冠军，欧洲杯亚军的光环来到美国，德国队让很多球队感到敬畏，但小组赛打完之后，德国队发现，自己要敬畏的球队很多。"

比赛到了淘汰赛阶段，主教练往往会选择一些经验丰富的球员，这恐怕也就是人们常说的"姜还是老的辣"，沃勒尔就证明了这一点。德国队在八分之一决赛对阵比利时的时候，沃勒尔已经34岁了。在本次世界杯上，他之前只在对阵西班牙的时候打了半个小时左右的时间。福格茨在八分之一决赛时拆散了之前的克林斯曼—里德尔锋线组合，而让沃勒尔与克林斯曼担任搭档。前者只用了5分钟，就证明了福格茨的调整是正确的。红魔比利时虽然有像希福这样的冠军球员，但在中场的争夺中，完全被马特乌斯、萨默尔和哈斯勒等人压制。克林斯曼与沃勒尔也在比赛中用实力证明这对世界冠军组合并非枉得虚名，克林斯曼与沃勒尔在第10分钟和第39分钟各下一场，帮助德国队以3比2力克比利时队杀入8强。不过比利时人输得并不是很服气。在他们看来，第70分钟，海尔默有一次非常明显的禁区内的犯规，他绊倒了韦伯——点球加红牌，但比利时人什么也没得到。

1994年的8强战，是德国队最不愿意回忆的比赛之一。赛前德国媒体采访贝肯鲍尔，问德国队是采用双前锋还是单前锋对阵保加利亚合适，贝肯鲍尔回答说："对于保加利亚这样的球队，不管福格茨是用双前锋还是单前锋，德国队都足够强大了。"可惜德国队拙劣的临场发挥却给了贝肯鲍尔当头一棒。第48分钟，克林斯曼禁区内停球，保加利亚球员有个非常明显的蹬踏动作，马特乌斯主罚点球，为卫冕冠军首开纪录。此后沃勒尔曾为德国队打进一球，不过越位在先被判无效。

比分落后的保加利亚队背水一战。第76分钟，斯托伊奇科夫主罚的直接任意球越过德国队人墙直挂死角，2分钟后，莱切科夫的俯身鱼跃冲顶为保加利亚反超了比分。落后的德国队阵脚凌乱，无法组织有效的反击，最终一球饮恨，这也成为了1958年以来，德国队表现最差的一届世界杯。德国媒体此后戏称："每次都是贝肯鲍尔把牛吹出去，然后被福格茨狠狠扇在脸上。"在美国世界杯早早出局之后，贝肯鲍尔就很少再公开称赞福格茨的国家队了。

福格茨在赛后受到了德国媒体的猛烈抨击——在联邦德国队比分落后时，还有接近15分钟的时间，联邦德国队替补席上还有基尔斯滕和里德尔这样的优秀前锋。但福格茨却只换了一个人，他用布雷默换下了哈斯勒，这一换人可以说让场内和场外集体哗然。在本次世界杯上得不到重用的基尔斯滕后来在说："福格茨显然想从边路打开局面，所以做出了这样的换人决定。在赛后有队友质问为何福格茨不再换上一名前锋加强前场攻击力。福格茨说，上谁是我决定的，你就当我忘了还有一个换人名额好了。"

1996年欧洲杯——"回光返照"的冠军

1994年世界杯的失败，并没有使得福格茨意识到球队已经陷入了危机之中，他没有抓紧时间为德国队完成新陈代谢，而是依然率领克林斯曼、马特乌斯这样一批参加过1990年世界杯的老将开始了欧洲杯的征程。巧合的是，在欧洲区小组赛中，德国队又遭遇了世界杯上淘汰自己的保加利亚队。在索菲亚的客场较量中，德国队凭借着克林斯曼和斯特伦茨的进球2比0领先，但接着发生的一切，使得德国队重现了1994年世界杯的噩梦——斯托伊奇科夫点球梅开二度，科斯塔迪诺夫完成绝杀，未能复仇的德国队反而又被对手狠狠捅了一刀。回到主场再战，斯托伊奇科夫在第47分钟再次率先攻破德国的球门，这名保加利亚人仿佛成为了德国队的克星。好在德国队这次终于未在主场蒙羞，克林斯曼在第50分钟和第76分钟分别打进两球，哈斯勒在第56分钟锦上添花，德国队终于报了在客场失利的一箭之仇。

在与小组其他对手的较量中，德国队主客场两次以2比1击败阿尔巴尼亚队，3比0、6比1双杀摩尔多瓦队，2比0、4比1击败格鲁吉亚队，1比1、2比1一平一胜威尔士队，以10战8胜1平1负的战绩名列小组第一，保加利亚队以3分之差名列次席。

欧洲杯之前，马特乌斯和克林斯曼产生矛盾，而福格茨也认为马特乌斯对球队的团结合作没有好的作用，左右权衡之下，福格茨弃用了马特乌斯。而马特乌斯恼怒之下在当年夏天将自己与克林斯曼的一系列矛盾全部通过媒体曝光，引起了德国足坛不小的震动。

小组赛阶段德国以2比0击败捷克队，3比0击败俄罗斯队，0比0战平意大利队，与捷克队携手出线。四分之一决赛中，德国队战胜了正在崛起的东欧劲旅克罗地亚队，后者拥有苏克和博班这样出色的球员：克林斯曼开场21分钟点球建功，但中场前克林斯曼受伤下场，随后苏克第51分钟扳平了比分，萨默尔第59分钟的射门，使德国队以2比1晋级四强。半决赛中德国队遭遇东道主英格兰队，阿兰·希勒在第3分钟头球破门，但昆茨第16分钟为德国将比分改写成1比1。接下来的点球大战犹如1990年世界杯半决赛的翻版，第六轮索斯盖特主罚的点球被科普克扑出，而德国队则6个点球全部命中，总比分7比6淘汰东道主。

停赛加受伤使得德国队在决战之前备受打击，除了两名替补门将之外，替补席只坐了三名替补球员，卡恩甚至都已经做好了上场当前锋的准备。局势发展对德国队并不顺利，第59分钟，萨默尔侵犯波博斯基被判罚点球，捷克以1比0领先。此后比埃霍夫成为德国民族英雄，他先是在第73分钟金头一甩帮德国扳平比分，接着在加时赛中打进制胜金球，德国队继1972年和1980年后第三次成为欧洲杯冠军。1996年欧洲杯夺冠是德国队最后一次在大型比赛中夺冠，也被称为自由人战术最后的辉煌，萨默尔1996年夺得了金球奖。这次夺冠掩盖了很多问题，也极大程度地影响了德国足坛新老交替的步伐。

世界杯英雄——沃勒尔

沃勒尔，联邦德国夺得1990年世界杯的主力前锋，一个被队友称为"禁区内的狐狸"的球员，他不是那种传统意义上身高力壮的前锋，而是那种典型的用脑子踢球的前锋。沃勒尔不但能自己进球，还能为队友创造机会。在代表联邦德国队所打的90场国际比赛中，沃勒尔总共贡献了47个进球。

沃勒尔于1960年4月13日出生于联邦德国的哈瑙。15岁的时候，他在电视机前目睹了联邦德国夺得1974年世界杯冠军的一幕，并立志要成为德国国家队的一员，将来也要成为世界冠军。

沃勒尔是那种少数没有拜仁球员经历的国家队球员，他的职业生涯是从奥芬巴赫踢球者起步的。此后在1980—1982赛季，沃勒尔加盟了慕尼黑1860俱乐部，这或许也是他之后没有再选择加盟拜仁慕尼黑的重要原因。在慕尼黑1860俱乐部效力期间，沃勒尔在70场联赛中打进了46球并最终吸引了德瓦尔的注意。1982年11月17日，沃勒尔在对北爱尔兰国家队的比赛中完成了自己的首秀，但这场比赛联邦德国队以0比1意外失利。

1982—1983赛季，沃勒尔第一次夺得德甲的射手王。此后，他代表德国队参加了1984年欧洲杯的比赛，在这届联邦德国队相当失意的欧洲杯上，沃勒尔却是为数不多的亮点。他在小组赛对罗马尼亚队的比赛中打进了两球，帮助联邦德国队以2比1取胜，这也是联邦德国队在这届欧洲杯上唯一取胜的一场比赛。这两个进球，也是联邦德国队在本次欧洲杯上仅有的两个进球。

1984年欧洲杯后，联邦德国队完成了主帅更替，沃勒尔却凭借着自己的能力继续占据着联邦德国队主力前锋的位置。1986年，沃勒尔第一次代表联邦德国队征战世界杯，他在小组赛对苏格兰队的比赛中打进一球，帮助联邦德国队以2比1逆转击败苏格兰队。半决赛对法国队的比赛中，沃勒尔在第57分钟临危受命，并在第90分钟为联邦德国队打进了第二球，联邦德国队以2比0取胜顺利晋级。决赛对阿根廷队的比赛，虽然沃勒尔在第81分钟为球队扳平了比分，但联邦德国队还是遗憾的输给了马拉多纳领衔的阿根廷队。沃勒尔在世界杯后回忆说："在我扳平比分的一刹那，也许所有的人都认为与阿根廷队的比赛将进入加时赛了。那一瞬间的松懈，使得我们输掉了比赛。"

1990年世界杯上，沃勒尔在小组赛阶段表现得相当出色，他在对阵南斯拉夫队的比赛中打进一球，在对阵阿联酋队的比赛中梅开二度，帮助联邦德国队顺利晋级。但此后发生在他和里杰卡尔德之间的"口水门"事件，使得沃勒尔的状态受到了影响。直到今天，沃勒尔依然觉得自己是"口水门"事件的受害者："事实上，在这场冲突中我始终是受害者，我并没有任何报复或者侵犯里杰卡尔德的动作，但裁判还是将我罚下场，这也是最终的判罚。"好在联邦德国队并没有受到这起事件的影响，在决赛中击败阿根廷队，报了四年前失利的一箭之仇，沃勒尔也实现了自己在少年时的梦想。

沃勒尔也参加了1992年欧洲杯，但命运跟他开了一个玩笑，他在首场对独联体的比赛中就受伤下场并返回德国治疗。沃勒尔说，在这次受伤之后，他就有了退出国家队的打算。因为那个时候里德尔已经崛起，沃勒尔则已经到了职业生涯的末年，但福格茨恳求沃勒尔留在球队。他认为锋线上除了克林斯曼与里德尔之外，只有沃勒尔才是值得信赖的人选，因为福格茨始终无法完全相信基尔斯滕和锋线上的另外的一名替补昆茨。

沃勒尔非常清楚他自己在国家队的定位，作为替补，他参加了1994年美国世界杯的比赛。在小组赛中，他只是在对西班牙队的比赛中替补出场。但比赛打到八分之一决赛的时候，福格茨认为，由克林斯曼与沃勒尔搭档可能更具有威胁。于是这对在1990年世界杯上为德国队建功立业的搭档再度联手，沃勒尔也以两个进球回报了福格茨的信任。

1994年世界杯后，沃勒尔选择了退役。后来沃勒尔在执教德国国家队的时候说："在那个时候，我已经意识到，德国队已经到了要进行新老更替的时候了，如果我继续留在国家队，也许我还能打一届世界杯。但我想，属于我的世界杯我已经得到了，是将位置留给年轻人的时候了。"

十四、1998年法国世界杯——
跌入低谷

1998年世界杯预选赛，一些新崛起的强队开始在欧洲崭露头角，比如克罗地亚队和乌克兰队。小组赛阶段德国队就遭遇了乌克兰队、葡萄牙队、亚美尼亚队、北爱尔兰队与阿尔巴尼亚队。在小组赛中德国的发挥正常，6胜4平保持不败，力压拥有舍甫琴科的乌克兰夺得小组第一名。值得一提的是，德国队一直打到最后一轮才确保了小组第一名的位置。而最后一轮在主场对阿尔巴尼亚队的比赛是打得惊心动魄：科勒自摆乌龙，但海尔默和比埃霍夫帮助德国队反超，第80分钟阿尔巴尼亚队扳平比分，第86分钟马沙尔的进球依然不是决定性的，因为两分钟之后，顽强的客队再次扳平了比分。关键时刻，比埃霍夫第90分钟的头球决定了全场比赛的结果，德国队以4比3取胜，两队在最后10分钟打进了4个进球。

在世界杯之前，福格茨做出了很让人惊讶的决定：他让马特乌斯重返国家队。1961年3月出生的马特乌斯参加1998年世界杯的时候已经37岁高龄，再加上已经36岁的科普克和34岁的克林斯曼，德国队完全以一副老爷车的姿态开到了1998年世界杯的赛场上。首战对阵美国，德国队的首发年龄达到了29.81岁，两名30岁以上的老将进球，为德国队全取三分：第9分钟，穆勒的进球为德国打开胜利之门，第65分钟，克林斯曼将比分锁定为2比0。面对德国队，美国没有任何机会，这是一场应得的胜利。不过，《踢球者》杂志比赛结束后就已经指出："对德国队这样年纪偏大的球队而言，不见得比赛要赢得多漂亮，关键要保证体力的均匀分配，面对艰巨的淘汰赛考验。"

小组赛第二场德国队对阵南斯拉夫队，后者进了3个球，却仅仅是2比2战平德国队。米贾托维奇和斯托伊科维在第13分钟和第54分钟各进一球，帮助南斯拉夫队以2比0领先，中场休息的时候福格茨用马特乌斯替下了哈曼，马特乌斯第22次代表德国队征战世界杯，创下了一个新的纪录。德国队一如既往地在下半场开始发威，第73分钟，塔纳特的任意球被米哈伊洛维奇撞入自家球门。6分钟后，比埃霍夫的头球为德国扳平了比分。

德国队与南斯拉夫队比赛的当天，也就是6月21日。这是德国足球应该铭记的一天：开赛之前，法国警察尼维尔在朗斯遭到6名德国足球流氓的袭击，尼维尔被打成脑损伤，深度昏迷了6周才苏醒。8年之后，受德国足协的邀请，尼维尔到多特蒙德观看了德国队在世界杯上迎战波兰队的比赛。这起事件发生之后，德国也加大了对本国足球流氓的打击力度。

小组赛最后一轮与伊朗的较量，是一场强弱分明的比赛。对全队平均年龄已经达到了31.6岁的德国队来说，很难在90分钟里都保持了一个极高的水准。第51分钟和第58分钟，锋线双响炮比埃霍夫与克林斯曼各进一球，德国队以2比0小胜弱旅，小组赛战罢，德国队与南斯拉夫队同积7分，德国队凭借着净胜球的优势获得小组第一。

八分之一决赛中德国队的对手是墨西哥，福格茨弃用了年轻的耶雷梅斯（当年24岁），而启用了马特乌斯。两队上半场都没什么亮点，只有比埃霍夫的头球击中了门框弹出。下半场刚刚开场，埃尔南德斯的射门就洞穿了德国的球门。此后，墨西哥的射门中柱不进，埃尔南德斯的补射又被扑住，墨西哥人错过了杀死比赛的机会，偏偏本方球员禁区内的失误，又被克林斯曼在第75分钟扳平了比分。比赛进行到第86分钟，比埃霍夫金头一甩，使得德国队以2比1逆转晋级。

四分之一决赛中德国队遭遇了克罗地亚队，这正是两年前德国在欧洲杯四分之一决赛上淘汰的对手。不过与两年前相比，这支克罗地亚队的大赛经验有了很大提高。两队上半场互有攻守，但第44分钟，马特乌斯传球失误，沃恩斯的犯规吃到了红牌被罚下，导致德国队崩盘。第48分钟，克罗地亚后卫雅尔尼的贴地远射洞穿德国大门，第80分钟，弗拉奥维奇的远射彻底断送了德国的晋级希望，第85分钟，苏克将比分锁定为3比0。克罗地亚队成功地为1996年欧洲杯复仇，这也是德国在1958年以3比6输给法国队之后，在世界杯决赛阶段输得最惨的一场球。

德国队在世界杯上的惨败，招致了人们对福格茨的众多批评。德国一家媒体甚至早早为福格茨准备好了辞职书，他只要签名就可以了，辞职书上已经列满了福格茨的罪状。但时任足协主席布朗不是当年的纽贝格，他力挺福格茨，只可惜病急乱求医的福格茨不但不抓紧进行球队年轻化的建设，反而召回了他此前号称"永不再用"的埃芬博格。世界杯后德国队进行了两场友谊赛，以2比1击败马耳他，1比1战平了罗马尼亚队。战平罗马尼亚之后，埃芬博格突然宣布自己从国家队退役，因为自己要"多些时间陪陪家人"。那个赛季埃芬博格刚刚从门兴格拉德巴赫加盟拜仁慕尼黑,正是当打之年,匆匆从国家队退役,无疑是扇了福格茨一记响亮的耳光。至此,福格茨再无退路,只有下课一途。

有媒体认为,德国足球的低谷,事实上在1994年世界杯之后就已经到来了,不能将责任完全推在福格茨身上。但不要忘记,1995—1996赛季,拜仁慕尼黑夺得联盟杯冠军,1996—1997赛季,多特蒙德击败尤文图斯夺得冠军杯,同年沙尔克04击败国际米兰队夺得联盟杯,德国足球实际上处在一个相当高的水准。福格茨过于依赖贝肯鲍尔执教时期的老将,也使得德国队无法尽快地完成新老交替。德国足协后来在总结德国足球在这一阶段陷入低谷的教训时,专门提到三件事:一是博斯曼事件的影响,使得外援占据了球队的较大比重;二是由于外援的增加,导致对青少年培养力度不够;三是在1994年的失利之后未能及时总结教训。

短命的主帅

福格茨宣布下课的时候,德国足协正在进行一次深化改革的会议,包括允许俱乐部改组成有限公司形式(拜仁2002年就改协会为股份公司）以及允许俱乐部上市（2000年10月多特蒙德上市）等议题，结果一得到福格茨辞职的消息，会议的重点马上改变了。选帅的工作进展得并不顺利。甚至可以说是一团混乱。德国足协所遇到的最大的麻烦是，那些优秀的德甲教头，比如道姆、希斯菲尔德和雷哈格尔，有的是与俱乐部还有合同在身，有的是不愿去拯救德国男足这艘即将沉没的"泰坦尼克号"。

无奈之下，布朗打电话给英格兰人霍奇森。一天之后，布朗又打电话给霍奇森说，自己改变主意了。接着他又给布莱特纳打电话，布莱特纳还从未执教过一支成人队，但勇气十足的布莱特纳还是决定接受这一挑战。不幸的是，布莱特纳成为了德国队历史上最短命的主帅。15小时之后，布朗告诉布莱特纳，足协内部未就此达成共识，此事只能作罢。

下一个候选者是施蒂利克。施蒂利克在被德乙的曼海姆炒了鱿鱼之后，开始执教德国17岁以下青年队。施蒂利克也答应了，并开始通知媒体他的新角色，但这时候布朗又有新想法了，他认为施蒂利克不太擅长与媒体打交道。这时候，布朗心中最理想的人选变成了里贝克——过去的两年，里贝克都在西班牙的加纳列诸岛上打高尔夫球。里贝克很愉快地接受了邀请。在他看来，早在20年前舍恩离职之后，他就应该成为德国队主帅，但德瓦尔从半路杀出，使得里贝克的国家队主帅之梦整整晚到了20年。

61岁的里贝克是接手国家队时年纪最大的教练，施蒂利克成为了他的助手。在新闻发布会上，里贝克说，尽管这两年没执教一线队，但自己并没有远离"现代足球"："我经常在电视上看球赛，并且还阅读杂志。"

里贝克执教的第一场比赛，是1998年10月10日欧洲杯预选赛客场对土耳其队，德国队以0比1失利。在里贝克接手德国队的4个月之后，德国队以0比3输给了美国队，这是德国队1982年输给阿尔及利亚队之后最悲惨的失利。当时的美国队有4名球员在德国球队效力，其中有一名球员在德乙联赛，而在德甲联赛踢球的3名球员都进球了。

1999年7月30日，在联合会杯小组赛上，美国队再次以2比0完胜德国队，接着德国队以0比4输给巴西。感谢同组的新西兰队，与这样的鱼腩同组，德国队虽然未能出线，但总算没有垫底。

联合会杯上的德国队被对手虐得一塌糊涂，好在在接下来的2000年欧洲杯资格赛上，德国队没遭遇这样的厄运。在慕尼黑奥林匹克体育场摆出铁桶阵之后，德国队终于艰难地逼平了土耳其，比后者多2分以小组第一名的身份晋级。

　　小组赛阶段，德国队与罗马尼亚队、葡萄牙队和英格兰队同组。按照一般的思路，德国队理应与英格兰队一起在小组出线，最终的结果却让不少专家大跌眼镜：德国队首战1比1战平罗马尼亚队，次战0比1负于英格兰队，这是德国队15年来首次负于英格兰队，末战又被葡萄牙的孔塞桑上演了"帽子戏法"，三战仅仅得到1分外加净胜球①－4的德国队稳居小组末席，与英格兰队一起出局。

　　没有任何悬念，里贝克在欧洲杯后下课。他的上任，被认为最终不过是一场闹剧，他执教的总战绩为10胜6平8负，是德国队历史上战绩最差的教练，里贝克是德国足协官方所承认的最短命的德国队主帅，也是唯一的一名未率领德国队打过世界杯的主教练。

沃勒尔临危受命

　　里贝克下课之后，德国足协不得不再次寻找合适的主帅人选。这次足协选择的目标是正在勒沃库森执教的道姆。道姆确实是那个时代德国足坛最炙手可热的人物，他曾率领斯图加特夺得了联赛冠军，并率领勒沃库森三夺联赛亚军，对拜仁慕尼

---

①净胜球，进球数（正数）与失球数（正数）的差。

黑形成了极大的威胁。由于道姆与勒沃库森的合同在2001年到期，于是德国足协决定让沃勒尔担任过渡时期的主教练，而道姆在2001年6月1日再接手德国队。这个计划原本挺完美，但发生在2000年秋天的事情，却使得道姆陷入了万劫不复的深渊。

2000年秋天，《慕尼黑晚报》爆料说，道姆可能在吸食毒品。几天之后，拜仁慕尼黑的总经理在接受《慕尼黑晚报》采访时也表示："道姆先生或许和毒品有些关系。"赫内斯同时说，他虽然没有证据，但一旦有证据表明道姆有吸毒的经历，那道姆就不配担任国家队的主帅。考虑到拜仁与勒沃库森在当时势同水火的竞争关系，很多人将赫内斯的这次爆料，当作一次诽谤。

道姆当然对这些指责予以否认，他还为自己聘请了律师。与此同时，道姆在10月9日召开发布会，声称将会请德国队队医施密特在公证人的监督下提取头发样本，并在相关机构进行法医检测。就在这次新闻发布会的前几天，道姆还明确拒绝进行头发检验，并认为这违反了法律程序，但舆论压力过大，迫使道姆不得不接受检测。检测的结果让人瞠目结舌：阳性。道姆立刻请求勒沃库森接受自己的辞呈，并将结果通知了德国足协，自己则于次日凌晨飞赴佛罗里达。直到2001年的1月12日，道姆才第一次承认自己确实服用了可卡因，但他没有解释自己为何会接受头发检测。

在得到道姆头发检测的具体结果之后，德国足协立刻做出决定：取消之前与道姆预签的合同，原过渡时期主帅沃勒尔成为德国队主帅。虽然没有执教经历，但沃勒尔接手国家队，与当年贝肯鲍尔执教一样，是众望所归。

沃勒尔所面临的第一个挑战，就是2002年的世界杯预选赛：德国队与英格兰队、芬兰队、希腊队与阿尔巴尼亚队一个小组。这组实力强弱分明，联邦德国与英格兰，这对2000年欧洲杯上的难兄难弟，毫无疑问是出现的热门，唯一的疑问是谁获得小组第一直接晋级，谁将去征战附加赛。两队第一回合的比赛，在伦敦的温布利大球场进行，感谢哈曼第14分钟的进球，德国队在温布利大球场击败了英格兰队，也掌握了晋级的主动。但回到了慕尼黑奥林匹克球场，德国队却完全找不到了感觉——虽然扬克尔在第6分钟为联邦德国队首开纪录，但欧文上演了"帽子戏法"，杰拉德、赫斯基锦上添花，英格兰队以5比1击败了德国队。小组赛最后一轮，德国队被芬兰以0比0逼平，雷哈格尔率领的希腊队与英格兰队激战90分钟，贝克汉姆第90分钟的任意球为英格兰将比分扳成2比2。英格兰队也凭借着这场平局，力压德国队获得小组第一，德国队名列小组第二，不得不参加附加赛的较量。

　　附加赛德国队遭遇拥有舍甫琴科的乌克兰队，巴拉克成为了球队的救世主。在基辅的客场比赛中，巴拉克第31分钟的左脚射门，帮助球队在客场拿到宝贵的1分。主场再战，德国队在多特蒙德发挥出了极高的水准：巴拉克在第4分钟头球破门，此后诺伊尔在第11分钟再下一城。雷默第15分钟的头球，使得比赛刚打了15分钟就失去了悬念。第51分钟，巴拉克头球破门梅开二度，舍甫琴科只是在第90分钟为乌克兰队打进挽回颜面的一球。德国足球正式进入了巴拉克、卡恩时代。

世界杯英雄——克林斯曼

　　克林斯曼，德国足坛的"金色轰炸机"，他在执教时期为德国足球所做的贡献已经举世皆知，而球员时期的克林斯曼同样充满了传奇色彩，他总共代表德国队出战108场，打进47球。与老一代前锋席勒、穆勒终老一支球队不同，克林斯曼喜欢不停地冒险，他总共在8支俱乐部效力过。

　　克林斯曼的职业生涯是从斯图加特踢球者开始的，但这样的小庙当然留不住克林斯曼这样的人才。1984年克林斯曼转会到了斯图加特。在1987—1988赛季，克林斯曼打进了19球，成为了德甲射手王，并在1988年当选德国足球先生。

虽然与马特乌斯同为"三驾马车"中的一员，但马特乌斯的国家队生涯要早得多。马特乌斯于1980年就开始代表国家队参加比赛，而克林斯曼在1987年才成为国家队的一员。他代表德国队参加了1988年、1992年和1996年欧洲杯，克林斯曼也成为了第一个在三届欧洲杯上都有进球的球员，而另外的三名球员分别是捷克的斯米切尔、法国的亨利和葡萄牙的戈麦斯。

1990年世界杯是克林斯曼的高光时刻。在这届世界杯上，克林斯曼打进了3球，其中最关键的一球，是八分之一决赛中对荷兰队的进球。要知道荷兰队刚刚夺得了1988年欧洲杯冠军，而在当年的半决赛上，正是荷兰队将东道主联邦德国队淘汰出局的。联邦德国队在八分之一决赛上的这场胜利，不但报了1988年欧洲杯的一箭之仇，还使得球队的信心得到了极大的鼓舞。

1992年欧洲杯，德国队一路杀进了决赛，只是惜败给了那届欧洲杯上的最大黑马丹麦队。在回忆那场比赛的时候，克林斯曼说："半决赛之后，我们都在嘲笑荷兰人的轻敌。但遗憾的是我们并没有从荷兰人的失利中吸取教训，于是丹麦人笑到了最后。我本人对这场比赛印象非常深刻，在今后的比赛和执教的时候，我就不断地用这场比赛的失利提醒自己，没有哪个对手是能够轻视的。"

1994年克林斯曼再次入选了德国队，但这支德国队与4年前的那支卫冕冠军已经不可同日而语。除了年龄大了4岁之外，德国队没有任何提高的地方。福格茨显然还在吃4年前的老本，唯一有提高的是克林斯曼。上届世界杯上打进3球的克林斯曼，在这届世界杯上将进球数提升到了5个——三场小组赛克林斯曼场场有进球，这其中对阵韩国的比赛中所打进的漂亮侧身凌空抽射，更是堪称在那届世界杯上的最佳进球。尽管德国队早早出局，但克林斯曼还是夺得了美国世界杯的银靴奖。

1996年欧洲杯，马特乌斯缺阵，德国队在伤兵满营的情况下杀进了决赛并最终以金球制胜。克林斯曼在1990年世界杯后，再次举起了冠军的奖杯，而这个时候的克林斯曼已经32岁了。尽管如此，他依然在为参加1998年世界杯努力：他从英超的热刺回到了拜仁慕尼黑，就是希望能更多的在福格茨眼前展现自己的实力，而他也终于做到了，1995—1996赛季、1996—1997赛季，克林斯曼在拜仁分别打进了16个球和15个球，两个赛季都是队内的最佳射手。在1995—1996赛季的联盟杯上，克林斯曼更是以12场比赛打进15球的成绩，创造了新的联盟杯进球纪录。

克林斯曼最终以34岁"高龄"出征1998年法国世界杯，不过他并不是球队中的最年长者，球队内还有1961年出生的马特乌斯和1962年出生的科普克。老迈的德国队在四分之一决赛中遭遇了世界杯历史上最惨痛的失利，以0比3负于了克罗地亚队遗憾出局。不过，克林斯曼却在对美国、伊朗和墨西哥的比赛中又收获了三个进球。凭借着这样的成绩，克林斯曼也成为了第一个在连续三届世界杯中都至少打进3球的球员。不过，此后罗纳尔多和克洛泽都做到了这点。克林斯曼在世界杯上总共打进了11球，在世界杯总射手榜上排名第六。

退役之后，克林斯曼拿起了教鞭。在他的率领下，德国队迅速走出了低谷，在2006年本土世界杯上获得了第三名的好成绩。此后，克林斯曼又接手美国队，并率领美国队打进了2014年巴西世界杯的决赛阶段的比赛。在小组赛中，克林斯曼率领的美国队将遭遇德国队，这无疑为克林斯曼传奇的世界杯生涯又添上了浓重的一笔。

世界杯英雄——马特乌斯

说起德国足坛在世界杯上的风云人物，绝对不能落下马特乌斯。马特乌斯参加过1982—1998年之间的全部五届世界杯，并至今保持着世界杯决赛周出场次数最多的纪录（25场）。马特乌斯见证了德国足球从低谷走向辉煌，又逐渐下滑到低谷的全过程。他总共代表德国队出战150场，这一纪录依然无人能够打破。

马特乌斯1961年3月21日出生于埃尔朗根。一般德甲球星都是大器晚成，但马特乌斯是个另类。他很早就在门兴格拉德巴赫打上了主力，并得到了主教练海因克斯的绝对信任。时任联邦德国队主帅德瓦尔虽然不是一名成功的主帅，但他将年仅19岁的马特乌斯招入国家队，绝对是他本人对德国足球最大的贡献之一。马特乌斯在1980年6月14日联邦德国以3比0胜荷兰的比赛中于第73分钟替补出场，完成了在国家队的首秀。

马特乌斯也随队参加了1982年西班牙世界杯，但那时他还只是球队的一名新人，只在对智利队和奥地利队的两场小组赛中获得了出场的机会。1984年，年仅23岁的马特乌斯参加了欧洲杯，这是他代表联邦德国队所打的又一次国际大型赛事，这时候马特乌斯已经成为了国家队的主力中场，可惜联邦德国队整体表现不佳，小组未能出线就早早出局了。之后马特乌斯转会拜仁慕尼黑，并日渐成熟，其出色的表现自然引起了新任国家队主帅贝肯鲍尔的注意。

1986年，马特乌斯作为联邦德国的中场主力参加了墨西哥世界杯，他在中场的搭档是马加特。八分之一决赛对阵摩洛哥队时，马特乌斯30米外的任意球技惊四座，帮助球队打开胜利之门。尽管1986年联邦德国队一路杀进了决赛，但可惜他们在决赛中遇到的对手是如日中天的马拉多纳所率领的阿根廷。只能说，在墨西哥世界杯上，所有球星都是马拉多纳的陪衬，马特乌斯也不例外，他只能默默地看着马拉多纳举起冠军的奖杯。

经过世界杯锤炼的马特乌斯逐渐迈入了巨星的行列。1987年3月25日，马特乌斯第一次带上了联邦德国队队长的袖标，可惜马特乌斯领队的联邦德国队在1988年欧洲杯上未能闯过荷兰队一关。欧洲杯后马特乌斯加盟国际米兰队，并与克林斯曼、布雷默组成了威震意甲的"德国三驾马车"。

1990年世界杯在意大利进行，已经在意大利球迷中深受喜爱的马特乌斯将意大利当作了自己的主场。在1990年世界杯上，马特乌斯打进了4球，其精准的任意球和势大力沉的远射，给全世界球迷留下了非常深刻的印象。决赛中，联邦德国队再次遭遇马拉多纳率领的阿根廷队，这个时候的阿根廷队已经在走下坡路，而马特乌斯也早已不是昔日的吴下阿蒙，在这场强强对抗的争夺中，联邦德国队凭借着布雷默的点球以1比0击败了对手，马特乌斯也报了在4年前的决赛中输给对手的一箭之仇。世界杯后，马特乌斯已经成为了联邦德国队的足球名片，而凭借着在世界杯上的完美表演，马特乌斯当选了联邦德国足球先生、世界足球先生、世界最佳球员，并赢得了金球奖。

1992年4月12日，马特乌斯在对帕尔马的比赛中十字韧带受伤，因此也无缘1992年欧洲杯。欧洲杯之后，马特乌斯又回到了拜仁慕尼黑。1992年9月19日，马特乌斯在休养了5个月之后重返球场。而这个时候，福格茨的德国队在美洲之行中正输得焦头烂额，他再次将马特乌斯招进了国家队，充当自由人。

1994年，马特乌斯再次以队长的身份带领球队征战世界杯，但德国队止步于四分之一决赛。此后由于和克林斯曼交恶，马特乌斯一直未能获得再次代表国家队参赛的机会，直到1998年世界杯前，萨默尔因伤退赛，马特乌斯才得以重返福格茨的国家队。

1998年法国世界杯，是37岁的马特乌斯第五次、也是最后一次参加世界杯。但这次世界杯给马特乌斯留下了痛苦的回忆——在四分之一决赛中以0比3输给克罗地亚，是德国队在世界杯上最惨痛的失利之一。39岁的马特乌斯还代表德国队参加了2000年欧洲杯的比赛，不过德国在这次欧洲杯上一败涂地，马特乌斯也遭到了批评。在以0比3输给了葡萄牙之后，马特乌斯宣布从国家队退役，他共代表国家队打了150场国际比赛。

马特乌斯被认为是继贝肯鲍尔之后德国最出色的足球运动员。虽然他桀骜不驯的性格与贝肯鲍尔形成了鲜明的对比，但这并不妨碍他成为最受德国球迷喜爱的球员之一。

十五、2002年韩日世界杯——意外的惊喜

这是一支带着"悲壮"色彩出征的德国队，为什么说悲壮？由于2000年欧洲杯上的糟糕战绩，使得球队在世界杯上的前景完全不被看好，人们为德国队定下的目标，不再是决赛、半决赛，而是可怜的"小组出线"；此外，球队的主力由勒沃库森和多特蒙德的球员组成，勒沃库森刚刚在欧冠决赛中输给了皇家马德里，成为了联赛、杯赛和冠军杯的"三亚王"，而多特蒙德则在欧洲联盟杯的决赛中输给了费耶诺德；最糟糕的是，在出征世界杯之前，又有两名绝对主力诺沃特尼和代斯勒

因伤退出，为德国队的世界杯之旅蒙上了一层阴影，而这还没算上早就因伤缺阵的沃恩斯、绍尔和海因里希。

在集训的时候，德国遇到又一个难题，那就是前锋问题。扬克尔已经好几个月不进球了，而招入34岁高龄的比埃霍夫，被人看作是不靠谱的选择，德国的进球任务，总不能都集中在巴拉克一个人身上。以哀兵出战的德国，在世界杯首战迎来了一场非常漂亮的胜利：8比0击败了沙特阿拉伯。本场比赛，德国队将身高优势发挥得淋漓尽致，8个进球中有5个头球，克洛泽在第21分钟、第26分钟和第70分钟完成了头球"帽子戏法"，他是世界杯决赛阶段第一个完成头球"帽子戏法"的球员。巴拉克和林克也分别在第40分钟和第72分钟各自斩获一粒头球，扬克尔、比埃霍夫与施奈德在第45分钟、第85分钟和第90分钟打进了另外的三球。困扰德国队多时的前锋问题，也随着克洛泽的大放异彩迎刃而解。这也是德国队在世界杯决赛阶段所取得的最大比分胜利。

次战对阵爱尔兰队，德国队遭到了对手的顽强抵抗。虽然爱尔兰队整体实力平平，但身体强壮，对抗能力强，依靠防守反击与德国队展开了周旋。为德国队先拔头筹的依然是克洛泽，他在第19分钟打进了自己在本次世界杯上的第四个头球。顽强的爱尔兰人在第90分钟依靠罗比·基恩的进球扳平了比分。在缺少中后卫的情况下，沃勒尔让在勒沃库森时期打后腰的拉梅洛与梅策尔德搭档打中后卫，这一组合遇到像沙特这样的对手问题还不大，但遇到像爱尔兰这样作风硬朗的球队，就会遇到意想不到的麻烦。本场比赛结束之后，卡恩批评了后防线的表现，认为球队的精力如果更集中一点，就不会有最后时刻的丢球。事实上，沃勒尔在本场比赛前，就已经安排重点盯防基恩与达夫，但最后时刻功亏一篑，未能全取3分很是可惜。

小组最后一轮德国迎战"非洲雄狮"喀麦隆队，由于净胜球的关系，德国只需要拿1分就能出线，而喀麦隆则必须争胜，如果喀麦隆队取胜，就有机会获得小组第一名，而负者甚至有被淘汰的危险。这场比赛之所以成为焦点，很重要的一个原因在于，喀麦隆队的主帅恰恰是德国人沙费尔。沙费尔曾在德甲执教多年，经验丰富。他赛前公开表示，与德国进行你死我活的较量，并不是自己期待的局面。

两队在场上对抗非常激烈，主裁判一共出示了16张黄牌和2张红牌。德国的拉梅洛（第40分钟）和喀麦隆的苏福（第77分钟）被罚出场，这也创造了世界杯历史上的黄牌纪录，原纪录是1994年世界杯上墨西哥和保加利亚制造的，两队一共吃了10张黄牌（2张红牌），但1994年的这10张黄牌，比起西班牙人涅托在2002年执法的这场比赛，实在是小巫见大巫。喀麦隆人没有把握住上半场多打一人的有利局面，反而在下半场第5分钟被齐格偷袭得手。

苏福被罚下之后，喀麦隆队更无心恋战，克洛泽在第79分钟打进了他这次世界杯上的第五个头球。在世界杯上打进5球的球员不少，但5个进球全部是头球的，只有克洛泽一人。巴拉克在评价全场这么多黄牌的时候说："裁判一定将这场比赛当作了篮球比赛。实际上双方真正的犯规并没有那样多，动作也没那样大。"

德国队的出色表现，也使得德国球迷的激情被调动了起来。与巴拉圭的比赛被安排在德国时间早上8点30分进行，但依然有2000万德国球迷在电视机前观看比赛，这几乎是德国人口的四分之一。德国一家工厂在一天之内生产了1万面德国国旗，依然供不应求。这也是德国队这些年来少有的被关注，尽管没有马特乌斯，尽管没有埃芬博格，尽管德国队少有的是以非热门的姿态出现在韩日世界杯的赛场上，但卡恩和巴拉克等球员的出色表现，仍然让球迷们看到了希望。

八分之一决赛中德国队对阵老马尔蒂尼率领的巴拉圭队。沃勒尔对锋线做出了调整，表现糟糕的扬克尔被诺伊维尔代替，后来比赛的进展证明这是一个明智的决定。巴拉圭原本就是一支防守顽强的球队，再加上老马尔蒂尼的意大利式调教，几乎是一支防守滴水不漏的球队，队内有优秀的门将奇拉维特和拜仁球员圣克鲁斯。虽然德国队对付美洲球队颇有心得，但面对巴拉圭的严密防守也是一筹莫展。比赛一直打到了88分钟两队还是僵持不下，关键时刻施奈德右路下底传中，中路包抄的诺伊维尔弹射破网，本场比赛发挥出色的奇拉维特甚至没有能做出反应。

挺进四分之一决赛之后，德国队遭遇的是里贝克时期连续羞辱自己的美国队。德国队迎来了复仇的良机。美国队是一支处在上升期的球队，前锋多诺万多次获得射门良机，但都被门将卡恩拒之门外。德国队则在上半场第39分钟把握住一次任意球良机，巴拉克头球破门打进了全场唯一的一球。美国队在比赛中将他们快速、灵活的特点发挥得淋漓尽致，未能破门一方面是运气的原因，另一方面是联邦德国队门将卡恩如有神助的表演。

赛后，媒体对这场比赛的评价是"场面上不怎么漂亮，但显然是一场决定性的胜利"。在这场比赛之前4天，也就是6月17日，1954年的世界杯英雄弗里茨·瓦尔特在家中逝世，享年81岁。因此，德国队也是全队臂缠黑纱出场比赛，将这场胜利献给弗里茨·瓦尔特。弗里茨·瓦尔特生前有个愿望，就是希望能在凯泽斯劳滕观看2006年德国世界杯的比赛，可惜未能如愿。4年后的6月17日，凯泽斯劳滕的弗里茨·瓦尔特球场承办了世界杯意大利与美国的比赛，赛前全场为这名德国队的传奇巨星默哀一分钟。

巴拉克的遗憾

闯进半决赛的德国队，遭遇到了本次欧洲杯的大黑马东道主韩国队。主场作战的韩国人显然会调动一切有利因素帮助球队晋级。赛前沃勒尔组织球队看了两场比赛的录像：一场是1994年世界杯上德国队以3比0领先的情况下，被韩国将比分追成3比2并险些翻盘；另一场是本次世界杯上韩国队对意大利队的比赛。给队员们看第一场比赛，是让球员们了解韩国人顽强拼搏的品质，第二场比赛则是让球员了解韩国队的战术特点，也顺便提醒球员在比赛中可能出现的"状况"。准备会上，沃勒尔专门强调，虽然同是亚洲球队，但韩国队与小组赛曾经遭遇过的沙特阿拉伯队是完全不同类型的球队，如果球员想像对待沙特阿拉伯队那样简单粗暴地去结束战斗，只能自讨苦吃。

在希丁克的带领下，韩国队在与欧洲列强的对抗中并不处于下风。本场比赛的意外出现在第71分钟，韩国队的李天秀带球中路突破，晃过了拉梅洛已经要突入禁区了，回追回来的巴拉克无奈之下只能背后铲倒了李天秀，裁判判给了韩国一个任意球。更糟糕的是，他同时也给了巴拉克一张黄牌，这是本次世界杯上巴拉克吃到的第三张黄牌，无论德国能否打入决赛，巴拉克下场比赛都将停赛。巴拉克事后解释说："我当时根本没想到是否会吃黄牌的事情，韩国球员如果再往前突破，就会获得在禁区内射门的机会，换成任何一名球员，都不可能再让他继续前进了。"巴拉克同时表示，如果当时自己想到停赛的事情，可能真的会有所顾虑，但当时一刻的想法，就是阻止对手前进。

被出示了黄牌的巴拉克脸色一片黯然，但仅仅4分钟之后，他就用另外一种方式发泄了自己的情绪：韩国队中场传球失误，施奈德右路带球衔枚疾走下底传中，巴拉克高速插上，第一次射门被门将扑出，但巴拉克很快又用左脚补射破门，为德国队打进了锁定胜局的进球。进球的巴拉克跪地庆祝，而在本次世界杯上淘汰了意大利队、西班牙队等强队的韩国队，终于没有跨过有着钢铁般意志的德国队。从八分之一决赛到半决赛，德国人都是用1比0的最经济比分结束了战斗。

在跟随着勒沃库森获得了"三亚王"之后，巴拉克最大的心愿就是能率领联邦德国队在决赛中举起世界杯，但这一梦想，在他第71分钟得到黄牌之后破灭了。2002年世界杯决赛，巴拉克注定只能当看客。巴拉克是德国队不可缺少的核心球员，凭借着他的进球，德国队在四分之一决赛中淘汰了美国队，在半决赛中淘汰了韩国队，但到了决赛中，德国队却失去了巴拉克。

在全队都在欢庆打进决赛的时候，巴拉克的心情却非常的灰暗。勒沃库森的队友去安慰巴拉克。拉梅洛、施奈德和诺伊维尔整晚都在巴拉克的房间里。拉梅洛向巴拉克表示了歉意，他说自己原本应该防住李天秀的突破，但他的道歉让巴拉克更加愤怒。诺伊维尔回忆说："巴拉克说，我不需要你的道歉，那不是你的失误。但拉梅洛一直非常自责，到了最后，我们都已经搞不清楚究竟是在安慰巴拉克还是拉梅洛了。拉梅洛觉得在被李天秀突破之后，自己应该第一时间就犯规。"但现在无论怎么后悔都晚了，缺少巴拉克的德国，将对阵拥有"3R"超级攻击组合的巴西人：罗纳尔多，罗纳尔迪尼奥与里瓦尔多，任何一人，都足以决定比赛的结果。

卡恩壮志未酬

决赛是世界杯历史上两支最成功球队之间的对决，巴西人在2002年韩日世界杯之前，已有4次捧杯，而德国也曾经3次夺冠，但决赛的对抗，竟然是这两队第一次在世界杯上相遇。与德国队相比，巴西队本次杀入世界杯决赛显然是众望所归，他们拥有当时世界上最豪华的攻击组合。至于德国队，在缺少了核心球员巴拉克之后，只能将希望寄托在门将卡恩身上。应该说比赛尚未开始，胜利的天平就已经向巴西倾斜了。不过，德国人的心态很轻松，沃勒尔只用了两年时间，就将德国队从两年前欧洲杯的小组赛以0比3输给葡萄牙队的低谷中带了出来，沃勒和助教斯基贝的工作得到了所有人的认可。

巴拉克留下的空缺，被耶雷梅斯所顶替。沃勒尔同时将盯防罗纳尔多的重任交给了梅策尔德，并让林克负责看守罗纳尔迪尼奥。德国队在这场比赛中的阵形，实际上是在中场囤积了弗林斯、哈曼与耶雷梅斯三名后腰，球员身体强壮，对抗能力强，摆出防守阵形之后，巴西队想从正面突破攻破防线的可能性并不是很大。

整个上半场，都是巴西人掌握着局面，但德国人顽强的防守，也让桑巴军团无计可施。下半场，巴西人加大了攻击力度，卡恩在一次扑救时被包抄的吉尔伯托踢伤了手指，右手无名指韧带撕裂的卡恩依然坚持比赛，但受伤显然在一定程度上影响了他的状态。第65分钟，耶雷梅斯受伤在场边接受治疗，沃勒尔已经能够准备用凯尔替下耶雷梅斯了，但后者还是顽强地回到了球场上。刚刚回到场上的耶雷梅斯还没有完全找到感觉，巴西就在2分钟后打出了反击：哈曼被罗纳尔多抢断，后者将球交给里瓦尔多，而这时本应在后腰位置上的耶雷梅斯尚未盯防到位，里瓦尔多抬脚远射，皮球贴着地面飞向了球门，卡恩在扑救时出现了致命的脱手，罗纳尔多幽灵一般跟上补射破门。这个球，卡恩的扑救失误要承担很大的责任，但没有人去指责卡恩，因为没有卡恩，德国人甚至都没有站在决赛赛场上的机会。

沃勒尔随即做出调整，连续换上了比埃霍夫和阿萨莫阿加强攻势。但这种换人必然是一把"双刃剑"，不能伤人就要伤己。阿萨莫阿第78分钟刚刚上场，1分钟后，他就漏掉了防守禁区内的罗纳尔多，后者在禁区内推射远角，皮球擦着立柱撞入网窝，卡恩鞭长莫及，巴西人最终第五次成为了世界冠军。终场哨声响起，卡恩摘下手套，失意地靠在了门柱上。虽然在比赛中出现了失误，但他在本次世界杯上的发挥，还是值得人们尊敬。沃勒尔，当值主裁科里纳，甚至巴西的球员卡福，都走到了卡恩身边向他表示了敬意。世界杯后，卡恩当选世界杯最佳门将，国际足联还授予了卡恩更高的荣誉——世界杯金球奖。这是世界杯历史上首次将这一奖项授予一个门将。

当失落的德国队返回法兰克福的时候，他们所面对的是球迷的鲜花和掌声。电视台甚至派出直升机，对德国队大巴的行走路线进行直播报道，所以几乎所有的球迷都知道球队大巴到了何处。球队的大巴驶入市区之后，球迷们从街道边，从住宅窗口，向德国队的车队鼓掌，挥舞着国旗致敬。德国队享受了冠军才拥有的荣耀——他们登上了法兰克福市政厅的阳台，广场上数万人的欢呼声将现场的气氛推向了高潮，市政厅阳台上的球员们一个个为此欢欣鼓舞。《法兰克福评论报》给予了球队极高的评价："巴西是世界冠军，但德国是最好的球队。"

对德国队在世界杯上的表现，人们给予了肯定的评价。沃勒尔的球队，是以巴拉克和卡恩为核心组建的。而这两人的表现，也开创了德国足坛的卡恩巴拉克时代：是巴拉克在欧洲区附加赛的出色表现，帮助德国顺利晋级决赛阶段，而他的两个进球，则帮助球队打进了决赛，他不惜自己吃到黄牌，也要为球队做出贡献，这是德意志精神的完美提现，他的悲情停赛，或许比他最后能举起冠军奖杯更能打动球迷的心；至于收获了金球奖的卡恩，所有人都明白，没有他的扑救，联邦德国队不可能杀进决赛，他成为了世界杯历史上首个决赛阶段5场比赛都不丢球的门将。卡恩是人，而不是神，他也会出错，但他在这届世界杯上所传递出的"永不言败"的精神，感染了无数的德国年轻人。此外，在本次世界杯上打进5球的克洛泽，最终获得了世界杯的银靴奖，他的进球数仅次于罗纳尔多。不过克洛泽银靴的含金量也被人诟病。因为他的全部5个进球，全部是在小组赛阶段打进的，到了艰苦的淘汰赛阶段则颗粒无收。

两年后欧洲杯决赛阶段上的表现说明，德国足球还远远没有走出低谷，但可贵的是，沃勒尔就是率领这样一支还处在低谷中的德国队，通过顽强的拼搏，最终获得了世界杯亚军的好成绩，带给了人们极大的惊喜。虽然2002年的这支德国队，未能像1954年那样在不被看好的情况下创造了"伯尔尼奇迹"，但在这个特殊的历史阶段，德国足球的这个亚军意义是相当重大的。

2004年欧洲杯再陷低谷

以2002年世界亚军为班底的德国队，又强势出征欧洲杯预选赛。这次德国队再次与土耳其分在了一个小组，土耳其队在2002年世界杯上，获得了第三名的好成绩，士气正旺，同组的还有比利时队、奥地利队、阿塞拜疆队和哈萨克斯坦队。但就在这样一个小组，德国队以10战10胜令人瞠目结舌的战绩出线。两战小组最强大对手土耳其。德国队分别以3比0和3比1轻松取胜，德国足球的春天真的来了吗？

　　答案是还没有。这从欧洲杯前最后一场热身赛可以看出端倪——德国队在凯泽斯劳滕迎战匈牙利队。全部主力出阵的德国队，竟然以0比2输给了欧洲弱旅匈牙利队。这是一场沃勒尔并不想输的比赛。因为这是德国足协为了纪念"伯尔尼奇迹"50周年的一场纪念赛，而执教匈牙利国家队的则是他昔日的队友马特乌斯。但就在这样的一个特别的日子里，匈牙利队创造了"凯泽斯劳滕奇迹"。德国媒体甚至猜测说，球队能在欧洲杯小组赛中出线，就是一个胜利。

　　2004年欧洲杯的结果，也证明了人们的担心是有道理的，德国队与荷兰、拉脱维亚和捷克在一个小组。首场比赛对阵荷兰，德国队基本上发挥了自己的水准，弗林斯的任意球帮助球队首开纪录，但范尼第81分钟的进球使得两队最终只能以1比1握手言和。次战拉脱维亚队，德国队本应全取3分，但拉脱维亚人的反击非常犀利，德国队并没有占到任何的便宜，两队0比0平分秋色。末轮德国队遭遇了本次欧洲杯的夺冠热门捷克队，捷克队之前已经取得了两连胜的佳绩。巴拉克在21分钟为德国队首开纪录，但海因茨的任意球很快为捷克队扳平了比分，下半场第74分钟，巴罗什的进球帮助捷克队完成了绝杀。德国队三战仅得到2分，排名捷克队与荷兰队之后，名列小组第三，无缘晋级。不但没有出线，甚至没有一场胜利——经济危机，足球市场低迷，外援充斥德甲，德国俱乐部在欧战中节节败退。以上这些负面因素，都在冲击着国家队。

与捷克队的比赛结束之后，出现了一个出人意料的场面：沃勒尔走到了球场上，挥手向球迷致意，这其实是一个信号，不过当时很多人没有意识到这一点而已。而在赛后的新闻发布会上，沃勒尔也没流露出要离职的念头。回到酒店之后，沃勒尔连夜找几名老将开会，透露了自己的想法，并在深夜1点半递交了辞呈。尽管足协主席沃菲尔德极力挽留，但沃勒尔去意已决，并在第二天的新闻发布会上宣布了自己的决定。沃勒尔的理由很简单，离2006年德国世界杯只有两年的时间了，自己没有能力再进一步提高德国队的水平，因此决定辞职，这样也留给新任德国队主帅足够的时间。德国总统约翰内斯·劳和总理施罗德都给沃勒尔写信表示了遗憾，施罗德说："沃勒尔是一个真正的体育家，我相信所有人都会尊重他的决定，并且感谢他给我们带来的一切。"

沃勒尔执教的时间并不长，但是他对球队做出的贡献却是显著的。他在球队的主要位置上，已经基本上完成了球队的新老交替的改造：拉姆、弗里德里希、巴拉克、弗林斯、克洛泽等一批球员，都是在沃勒尔的手下逐渐放出光芒的。在2004年欧洲杯之前，他还顶住了压力，带上了两名不到20岁的小将施魏因斯泰格与波多尔斯基。这两名年轻人也和之前的那些球员一起，成为了德国征战2006年德国世界杯的主力。沃勒尔总共率队打了53场比赛，总战绩为29胜11平13负。

艰难的选帅之路

沃勒尔辞职之后，谁将成为德国队主帅，这是人们最关心的问题。最有希望的人选应该是希斯菲尔德，曾经率领多特蒙德和拜仁夺得过联赛冠军的希斯菲尔德也是众望所归，其实当年德瓦尔被解雇之后，希斯菲尔德就有很高的声望，但拜仁坚决不放希斯菲尔德走人。事实证明拜仁做出了明智的决定，如果希斯菲尔德在2000年选择离开，那么也许拜仁就没有2000—2001赛季的冠军联赛冠军了。2004年情况则截然不同：一方面，希斯菲尔德已经离开了拜仁，正在度假，没有拜仁的掣肘；另一方面，希斯菲尔德与德国足协主席沃菲尔德私交很好，当年正是担任斯图加特主席的沃菲尔德，将希斯菲尔德从瑞士带到了德国队。2000年沃勒尔接手德国队的时候，只考虑了一个小时，可希斯菲尔德在6月28日与沃菲尔德会谈了之后，却要求足协给他一周的时间去考虑。

媒体认为，希斯菲尔德的考虑，只不过是走一个形式，

"一周之后他会答应的"。出人意料的是，希斯菲尔德最终选择了放弃执教德国队。德国媒体都在猜测背后的原因，一种说法是希斯菲尔德的妻子并不同意。虽然希斯菲尔德的妻子在接受媒体采访时表示，如果希斯菲尔德愿意执教德国队，她不会阻拦，但私下里她流露出希望执教多年的希斯菲尔德能好好陪伴一下家人并休息一下；另一种说法是希斯菲尔德不愿陷入德国足协高层的权力之争，因为沃菲尔德与足协其他的几名高层以及与职业联盟之间的矛盾愈演愈烈，已经不可调和，希斯菲尔德并不愿趟浑水；钱当然不是问题，足协给他开出的年薪是400万欧元，是沃勒尔的两倍。此外，虽然希斯菲尔德是被拜仁解聘的，但拜仁还要支付他一年工资，385万欧元。

希斯菲尔德本人给出的解释是，连续的主教练生涯，他担心自己的健康状况下降，现在必须"放松和充电"。希斯菲尔德的充电时间长达两年半。直到2007年2月1日，他才重新接过拜仁的教鞭。2014年1月12日，也就是希斯菲尔德过65岁生日的时候，他向《图片报》透露，未能执教德国队是自己一生中的一大憾事，但当年他拒绝德国足协确实并无什么隐情——那时已经筋疲力尽了，需要好好休息。

希斯菲尔德拒绝了德国足协之后不久，道姆在接受采访时也表示，自己执教德国队是不可能的。《踢球者》的问卷调查显示，有24%的德国球迷认为，阿森纳主帅温格是接替沃勒尔的最佳人选，但当时担任阿森纳主帅的温格说："是的，我确实和贝肯鲍尔谈过这个事情，但我的合同到2005年，我不是自由身。"

雷哈格尔与海因克斯也相继拒绝了德国足协，接着是希丁克、马加特和奥尔森。德国最有影响的杂志之一《明镜周刊》上刊登了这样一段话："您是不是一直想为自己的祖国做点什么？拯救德国足球？那么，请把您的求职申请寄给德国足协吧，时间紧迫！"

克林斯曼新政

时间的确很紧迫，离德国世界杯只有两年的时间了，德国足协基本上已经到了有病乱投医的地步，但面对积重难返的德国队，名宿们怕毁了一世英名，而菜鸟们却得不到德国足协的信任，于是选帅陷入死结。德国足协甚至破天荒地宣布成立了选帅组：由贝肯鲍尔、职业联盟负责人哈克曼、足协秘书长施密德和沃菲尔德四人负责。

2004年夏天，前德国队主帅福格茨去洛杉矶附近旅游，遇到了已经在美国定居的克林斯曼，两人在一起用餐。吃饭的时候，福格茨突然意识到克林斯曼是有教练证书的，况且对回德国工作非常有兴趣，于是福格茨立刻将这一情况通知了德国足协。克林斯曼在回忆这段历史的时候说："我当时和德国足协主席沃菲尔德以及秘书施密德在纽约碰面，为此我做了详细的准备，我将自己的方案给了他们，薪金完全是次要的。我的要求是，我必须要保证能召集到我需要的人。如果就这一点我们无法达成共识，那我不会接受这份工作。"

沃菲尔德和施密德对克林斯曼的要求有些震惊，但他们也对克林斯曼开诚布公的态度很满意。此外，至少克林斯曼是一名拿得出手的候选人。没有什么争议，2004年7月26日克林斯曼正式成为了德国队历史上第9任主帅，这也是献给7月30日他自己40岁生日最好的礼物。

在成为德国队主帅后第一次接受采访时，克林斯曼说："我认为球队是有潜力的。在欧洲，球员们在比赛的时候总是全力以赴的。重要的是，德国足协在某些领域必须更开放。在某些领域，我们相当棒，甚至可以说是伟大。但在某些领域，我们必须向法国、日本或者美国学习。比如需要一名体能教练是非常有必要的。"而这些还不是让媒体最震惊的，最让媒体感到震惊的是，克林斯曼宣布："2006年德国队在世界杯上的目标，是夺得世界冠军。"所有人都知道，要实现这个目标难度有多大，但克林斯曼对此信心十足："这是个符合逻辑的目标，但德国足协必须要做出改革。"

强势的克林斯曼从德国足协那里获得了远超之前德国队历任主帅的权力，开始对球队进行公司式管理，而他就是整个球队的CEO（首席执行官）。德国足协希望他能请来经验丰富的奥西克作为国家队的助理教练，奥西克是贝肯鲍尔夺得1990年世界杯的助手，足协考虑到克林斯曼缺少执教经验，希望奥西克的经验能帮助他；媒体则从技战术环节考虑，向克林斯曼推荐朗尼克。

但CEO克林斯曼不会被其他人左右，他做出了出人意料的决定——克林斯曼力荐与他在同一所教练学校学习的勒夫，因为克林斯曼深知勒夫的战术指挥才华。但在德国媒体看来，勒夫实在是个小人物，他所在的奥超因斯布鲁克队刚刚因为财政问题破产。在克林斯曼拨通勒夫手机的时候，勒夫正在慢跑健身。面对克林斯曼的邀请，勒夫毫不犹豫地赶到了意大利的科莫与克林斯曼会合。克林斯曼与勒夫很快达成共识，那就是需要建立新的德国足球文化："必须主动施压，而不是被动反应，德国球员要尝试在这块土地上久违了的，具有攻击力和速度的足球。不要再龟缩半场，而是要从锋线就开始对对手施加压力。"

事实上，克林斯曼的施政纲领为自己定下了目标：成为世界冠军；展现德国足球正面形象，使德国足球整体水平得到提高。这里的有些目标，是克林斯曼通过自己的努力能做到的，有些目标则需要德国足协和职业联盟，甚至俱乐部自身去改变工作方式才可以。克林斯曼知道，有些地方是他干涉不到的，唯一可行的方式，是自己在国家队做出表率，然后潜移默化地去实施影响。

无论是战术讲解，还是身体素质训练，对德国球员来说都是新鲜事物。勒夫会拿着教鞭，在战术板前，像教小学生一样对默特萨克和拉姆这样的大腕讲："我们不能被对手牵着鼻子走。作为一个后防整体，要像链条一样密切契合，要注意自己队友的位置。你们都明白了吗？"根据德国队的特点，助教勒夫为德国设计了"442"的基础阵形，这个阵形中名义上有5名进攻球员，但事实上，边后卫的插上，使得球队的进攻有更大空间。

克林斯曼为球队引进了来自美国的体能教练，引进了身体技能测试、生物力学分析、协调性和稳定性的训练，这些全新的东西，让德国足球界大开眼界。在克林斯曼眼中，现代足球，是穆里尼奥那样的足球——断球之后两三秒钟就突入到对方禁区，这需要体能和速度作为基础。因此，克林斯曼毫不掩饰自己对体能训练的重视。除了要求足协聘请体能教练之外，克林斯曼还要求德国足协新增领队一职，他的前德国队队友比埃霍夫成为了新任领队。比埃霍夫的任务，不仅仅是负责组织和市场，还充当了德国队的媒体发言人以及与德甲俱乐部的联系人的角色。这样相当于克林斯曼的德国队是独立于足协而运作的，国家队得以最大限度的自由运转。

此外，克林斯曼还为德国队聘请了体育心理专家赫尔曼。克林斯曼认为，球员大赛期间的心理调节是非常必要的。但在批评者看来，总是笑眯眯的赫尔曼更像是一个江湖骗子。2005年的亚洲之行结束之后，克林斯曼战舰上又多了一名新人：瑞士人齐根塔勒，他成为了球队球探。国家队的球探，并不是像俱乐部球探那样去满世界的找新星，其主要工作是研究对手战术，剖析对手的长处和短处，然后为德国队的教练组提供解决问题的方案。

接着，克林斯曼又敦促德国足协放弃了传统的黑、灰以及绿色战袍，克林斯曼觉得这些颜色暗淡无光，会给球队带来晦气，他为德国队选择了红色球衣。率领联邦德国队在柏林迎战巴西队之前，克林斯曼甚至每天都在球员房间门口放一件红色球衣。他认为红色代表激情和热血，能激发球员斗志。11月17

日，首次穿红色球衣作战的克氏国家队在莱比锡以3比0击败了喀麦隆。

2006年，克林斯曼再次对德国足协提出要求，他需要一名技术总监。技术总监的作用，主要是负责青年队的集训和惯例。这次克林斯曼推荐的人选是德国曲棍球队的主帅彼得斯。克林斯曼认为，德国足球队应该学习德国曲棍球队先进训练管理模式。

结果克林斯曼的这一决定是捅了马蜂窝。《图片报》撰文说"您不是真的要这样来吧，克林斯曼先生！"对克林斯曼的人事安排大加抨击。截至技术总监设立之前，克林斯曼的团队在媒体看起来已经很"臃肿"了：主帅克林斯曼、助理教练勒夫、领队比埃霍夫、球探齐根塔勒、门将教练科普克、心理医生赫尔曼以及健身教练和理疗师。这些人的花费，远远超出了仅聘请一名国家队主帅的支出。

《图片报》与克林斯曼的不和已经是公开的秘密，因为克林斯曼上任之后，一直拒绝与《图片报》进行合作。或许《图片报》影响了舆论走势，又或者是德国足协也认为克林斯曼的确有些太离谱了，他们接受了克林斯曼寻找技术总监的决定，但拒绝了彼得斯做顾问的请求，而是请了萨默尔。其实这也是足协给自己留下的退路——一旦克林斯曼执教成绩不佳，萨默尔将会立刻接手国家队。彼得斯一直到克林斯曼2006年离任之后才成为勒夫国家队的"外务顾问"。因此有很多人认为，当年克林斯曼之所以决定选择彼得斯，实际上是受了勒夫的影响。

在挫折中前进

拥有了如此大权力的克林斯曼，当然需要表现出与权力匹配的水准。克林斯曼做到了：他承诺球队要年轻化，在他率领球队所打的第二场比赛中，也就是在柏林对阵巴西队，在这一世人瞩目的比赛中，克林斯曼将球员的平均年龄降到了22岁，这需要多大的勇气。结果德国队以1比1战平了巴西队；他承诺攻势足球，结果在他率队参加2005年联合会杯所打的5场比赛中，德国队一共打进了15个球，场均3球。虽然在半决赛中德国队再次负于巴西队，但这场失利，已经与2002年的失利不可同日而语了：2002年的失败，是一场没有反抗力的完败，但2005年这场失利则是巴西队先进球，德国队扳平，巴西队再进球，德国队再扳平，然后巴西人在终场之前费尽九牛二虎之力才摆平了这支年轻的德国队，两队对攻场面之激烈，让现场观战的球迷如醉如痴。

联合会杯之后，克林斯曼聘请了科隆体院的技术团队来为德国队收集所有对手的技术数据进行分析。具体的运作，是由科隆体院的足球教授布施曼率领他的学生来操作完成的。但这一决定同样遭遇了很多人的批评，这些批评不但来自足协内部，还来自德甲各方面的专家。他们无法接受这样一个事实：一个连教练都没怎么做过的克林斯曼，突然就从美国空降过来，然后告诉德国人，足球应该是这样踢的，而不是你们那样玩的。这对已经三夺世界冠军的德国足球精英来说，是赤裸裸的挑衅。此外，以贝肯鲍尔和赫内斯为首的一些大佬，也在不断地指责克林斯曼的心不在德国队，因为他总是在德国停留不长的时间就"飞回加利福尼亚享受阳光"了。克林斯曼对此的解释是，不在德国，就能更好地不受干扰的工作。

对于所谓来自专业人士的批评，克林斯曼反驳说："我们尊重各位专家，也邀请他们来德国队看看。像布莱特纳所说的，我们在培养田径运动员的说法，显然是站不住脚的。很多人问，美国人和瑞士人能做什么？这其实是很失礼的。德国人不应该这样骄傲，觉得自己什么都能干，是世界上最成功的国家，因此视野只需在德国境内就可以了——这是非常狂妄的。"

通过一系列的改造，克林斯曼树立了自己在球队中的绝对权威，他只看中球员的状态水准，而不是名气，最典型的例子是关于门将的选择。2004年年底，克林斯曼请来了新的门将教练科普克，而弃用了卡恩十分喜欢的迈耶。克林斯曼在执教初期就让卡恩与莱曼轮流守门，以竞争来促进两人提高水平。卡恩与巴拉克，就是德国国家队的代表人物，让卡恩参与轮换，需要多大的勇气和决心，要面临多大的风险和压力，但克林斯曼无所畏惧。虽然卡恩在上次世界杯中有出色的发挥，并被认为是当时德国最好的门将，但由于受拜仁全队状态低迷所累，在2006年世界杯前，卡恩的状态并非很稳定。所以在世界杯前克林斯曼宣布，莱曼成为德国队的一号门将，卡恩尽管很不情愿，但他也知道，在这样重大的比赛中，德国队需要两名高水准门将。因此，他并未像《图片报》所说的那样，选择含恨退出国家队，而是坐在替补席上，继续支持德国队。卡恩的队长袖标，则交给了巴拉克。除了卡恩之外，克林斯曼还对像沃恩斯和哈曼这样的老将痛下杀手，他们未能进入德国队的大名单，而像奥东克尔这样特点鲜明的球员，则出人意料地入选了国家队。

由于德国是2006年世界杯的主办国，所以克林斯曼的国家队并没有参加世界杯资格赛的任务，而只能通过友谊赛寻找球队的不足。克林斯曼的改革也并非完全是一帆风顺。在他执教的初期，为了加强球队攻击力，采用的是"442"菱形站位，也就是4名中场中设一名前腰，一名后腰，这种踢法在加强了球队攻击力的同时，也使得本队的后防线暴露在对方的炮火之下。在2005年年底的热身赛上，德国队先后输给了斯洛伐克队与土耳其队，而在2006年3月1日，德国队在佛罗伦萨客场输给了老对手意大利队，在意大利人的高效面前，德国队显得如此不堪一击。可以想象克林斯曼承受了多大的压力，特别是在他缺席了国际足联在杜塞尔多夫所举办的世界杯工作会议，而其他世界杯球队的主帅又都参加了之后，质疑的口水几乎将克林斯曼淹死。克林斯曼知道，凡是改革家，就难免会受到阻力，他现在所能做的，只能是迎难而上。

虽然仅仅是一场友谊赛，但这是一场不同寻常的友谊赛，对克林斯曼在2006年世界杯上的决策有着重要的影响。不妨先看看那时候的阵容：莱曼为门将，弗里德里希、默特萨克、胡特和拉姆为后卫，弗林斯为后腰，巴拉克为前腰，代斯勒与施奈德分别担任两前卫，克洛泽与波多尔斯基在锋线搭档。克林斯曼在比赛中换了两个人：施魏因斯泰格对位换下施奈德，而梅策尔德替下默特萨克。这已经是德国队的最强阵容了，但在意大利人面前还是不堪一击。勒夫后来总结说："当时是很惨的。我们缺乏系统组织，之前把过多的精力投入到进攻。但这场惨败之后，我们决定，必须加强防守，球队必须做到攻守平衡。"这样做的一个具体变化就是，将菱形站位的中场配备改成了双后腰配备。

3月22日，德国队在多特蒙德对阵美国队。所有人都知道，这是德国队必须取胜的比赛。德国足协主席茨旺齐格后来在自己的个人传记中提到，他有一种很强烈的改革失败了的感觉，甚至决定如果德国队输球，就立刻用萨默尔取代克林斯曼——尽管那时离世界杯开幕只有79天了。好在德国队以4比1取胜，克林斯曼得以继续执教。但在这场比赛之前，克林斯曼得到了一个糟糕的消息，中场主力代斯勒膝盖严重受伤，将肯定无缘2006年世界杯的比赛。

联赛结束之后，球队开始了紧张的世界杯备战工作，在撒丁岛集训期间，克林斯曼甚至允许家属陪同，这在以前可是绝无仅有的。整个情况与当年"马伦特之夜"不同，备战完全是在一种轻松的状态下进行的。

离世界杯已经没有几天了，话题集中在队长巴拉克身上，巴拉克受伤了。但他仍然希望在揭幕战中出场，却被克林斯曼拒绝了："我理解他的心情，但我们不能冒险。"这就是克林斯曼的风格，没有人能改变。6月7日，德国总理默克尔拜访了德国队，6月8日齐根塔勒来了，但哥斯达黎加的战术，并不是他所汇报的重点，他为联邦德国队播放了一张DVD（数字多功能光盘），光盘里都是介绍哥斯达黎加的风土人情，齐根塔勒希望用这种方式加深球队对哥斯达黎加的了解。

十六、2006年德国世界杯——涅槃重生

德国能获得2006年世界杯的主办权实际上出乎了很多人的意料。因为1996年，时任国际足联秘书长的阿维兰热就已经公开表示，2006年世界杯"毫无疑问要在非洲举行"。截至1998年12月31日国际足联最后的报名日期之前，总共有德国、英格兰、埃及、加纳、摩洛哥、南非、尼日利亚和巴西共8个国家提出了申办请求，墨西哥的申办请求晚了20天，被国际足联拒绝。这其中绝大多数是非洲国家，按照各大洲轮流举办的次序，再加上阿维兰热的明示，似乎2006年世界杯在非洲举行已

经成为了定论。

　　但非洲许多国家的软、硬件条件并不适合举办世界杯。在2000年7月7日国际足联执委会会议表决前三天，巴西又突然以申办无望为由退出，并转而支持南非。实际上2006年世界杯的主办权，只剩下四个候选国在竞争：德国、南非、摩洛哥和英格兰。在第一轮投票中，只得到2票的摩洛哥被淘汰，英格兰得到5票、南非得到6票、德国得到了10票。在第二轮投票中，德国与南非得到了11票，得到2票的英格兰被淘汰。第三轮投票，原先支持英格兰的两票中，有一票流向了德国，而新西兰人邓普西不按指示将票投给南非，而是选择了"弃权"，德国以12票对11票压倒南非获得世界杯主办权。邓普西随后表示，他之所以弃权，是因为承受了"无法忍受的压力"和有人贿赂而做出的，国际足联高层也有人说，邓普西是受到了死亡威胁而选择弃权的，但后来又矢口否认。感到受到伤害的南非要求重新进行投票，但被国际足联拒绝。这是德国自1974年之后再次获得世界杯主办权，也是统一之后第一次举办世界杯。

　　最终结果公布之后，德国时事讽刺杂志《铁达尼》声称，所谓的贿赂信不过是他们恶搞的一个玩笑而已。受这个玩笑的影响，南非足协只获得了2010年世界杯的主办权。

　　德国获得2006年世界杯主办权之后，世界杯主办城市的竞争，也变得异常激烈起来，能成为世界杯主办城市，就意味着将获得巨大的受益。总共有16个城市提出了申请，分别是柏林、不来梅、多特蒙德、杜塞尔多夫、法兰克福、盖尔森基兴、汉堡、汉诺威、凯泽斯劳滕、科隆、莱比锡、勒沃库森、门兴格拉德巴赫、慕尼黑、纽伦堡和斯图加特。德国足协要从这16个城市中选择出12个城市来承办比赛，这其中有几个是肯定会入选的：首都柏林，组委会主席贝肯鲍尔所在的慕尼黑，奔驰所在的斯图加特，德国足协的成立地莱比锡，球场容量仅次于柏林和慕尼黑的多特蒙德，拥有欧洲顶级设施的盖尔森基兴以及汉堡、法兰克福。不来梅、汉诺威以及纽伦堡的入选也没有什么意外，科隆、门兴格拉德巴赫和杜塞尔多夫由于城市所在过于集中只能选择一处，最终科隆胜出。至于勒沃库森，由于场地过小（改造之前只有22000个座位）也被放弃，但由于拜耳是德国世界杯的重要赞助商之一，所以德国足协选择勒沃库森作为德国队在本次世界杯的训练营。为了球场改建，德国总计投入了15.64亿欧元。

整个德国都沉浸在史无前例的足球热情中，到处都是飞舞的德国队国旗和黄、红、黑三色的气球。德国人发明了一种叫做"公共看球"的方式：就是数万人不是在球场看，而是聚集在广场上一起看。这种看球方式，甚至成为了德国民众的一种娱乐方式——6年之后，当德国在欧洲杯迎战意大利的时候，柏林勃兰登堡门前7.7万平方米的广场上，有50万球迷在看球。这样的规模，在世界范围内都很罕见。而在世界杯之前，还有一个小小的插曲，本次世界杯吉祥物是一个名叫Goleo VI的小狮子，但德国球迷并不认可这个吉祥物，联邦德国队的标志是雄鹰，而狮子是则是三狮军团英格兰的标志。因此，这一吉祥物一上市就恶评如潮，获得代理权的德国著名玩具生产厂商Nici因产品滞销而于世界杯开幕之前就向法院申请了破产保护，被誉为是"世界杯历史上最倒霉的吉祥物"。

豪取四连胜

重新回到德国世界杯的赛场上，德国队在揭幕战遭遇到了哥斯达黎加队。这是一场激情四射的比赛，尽管缺少了队长巴拉克，但德国队还是以4比2击败了对手。在世界杯有了官方的"揭幕战"之后，这是揭幕战中进球最多的比赛。拉姆开场仅仅6分钟就以一记石破天惊的远射敲开了哥斯达黎加的大门，第12分钟，万乔普扳平了比分，克洛泽在第17分钟和第61分钟左右开弓，梅开二度，帮德国队以3比1大比分领先，这也是他献给自己28岁生日最好的礼物。万乔普在第73分钟再进一球，一度使得比赛有了悬念，不过弗林斯在第87分钟的进球，确保了德国队在首场比赛中全取3分。

不过德国队在这场比赛中暴露出的问题也非常明显，就如英国《卫报》所说："如果默特萨克和梅策尔德继续像雕像那样不会移动，那么德国队每场比赛都必须打进4个球才可以取得胜利。"这场比赛之后，克林斯曼和勒夫也决定再次做出战术调整，变双后腰的四中场为四中场平行站位，这也意味着两名边前卫的位置将后撤。

复出的巴拉克带领德国队迎来了小组赛的第二个对手波兰队。德国队也终于能以最强阵容出击，而波兰人在首战输给厄瓜多尔人之后，面对德国队已经没了退路。德国队虽然在比赛中占据了优势，但波兰队门将博鲁茨发挥出色，力保球门不失。比赛的天平直到第75分钟才被打破平衡，波兰队球员索博列维斯基吃到了本场比赛的第二张黄牌被罚下，人数占优的德国队更是放手一搏。第91分钟，德国队的不懈努力终于有所收获：替补出场的奥东科右路高速下底传中，同样是替补出场的诺伊维尔中路铲射破门，两连胜的德国提前晋级。

赛后讨论的焦点当然是奥东科。这时候人们才不得不佩服克林斯曼选人的眼光，奥东科的速度，终于成为了克敌制胜的杀手锏。克林斯曼的换人也可圈可点，助攻的奥东科与进球的诺伊维尔，都是替补出场的球员。

虽然已经顺利出线，但德国队不想将小组赛最后一轮当成走过场。在柏林奥林匹克体育场72000名球迷震耳欲聋的欢呼声中，德国队打了一场漂亮歼灭战：克洛泽在第4分钟和第44分钟再次梅开二度，波多尔斯基在第57分钟锦上添花。一场毫无悬念的胜利，比赛结束之后，整个奥林匹克体育场的德国球迷都在高声唱着："决赛，决赛，我们来了！"三场小组赛，德国打出了酣畅淋漓的攻势足球，三战全胜，打进了8球仅丢2球，一下使得球迷的热情被点燃了。

不过，克林斯曼提前给队员打了预防针："我认为这场比赛，我们打得并不如对波兰出色，只不过厄瓜多尔松散的防守，给了你们更多的机会。淘汰赛阶段将是截然不同的比赛，必须拿出120%的精力去投入战斗。"勒夫则毫不客气地批评说，在中后场之间的空档过大了，没有丢球只是因为对方缺少像万乔普一样出色的前锋。他同时提醒自己的队员，打进淘汰赛之后，防守比进球更重要，他要求球队的中后场必须保持紧凑的阵形，巴拉克要进一步加大跑动范围。

八分之一决赛中德国队迎来了老对手瑞典队，这可以说是德国队本次世界杯开赛以来遇到的最强大的对手，瑞典人防守稳健，在前场还有像伊布拉希莫维奇和永贝里这样出色的进攻球员，在小组赛他们就曾经以2比2逼平了强大的英格兰队。面对强大的瑞典队，德国队打出了1990年世界杯以来最出彩的上半场，锋线搭档克洛泽与波多尔斯基势不可挡：开场4分钟，波多尔斯基就接克洛泽的传球为德国队打开了胜利之门，8分钟之后，又是克洛泽助攻，波多尔斯基进球。此后巴拉克位置后撤，与弗林斯联手在后防线前铸成了不可逾越的城墙。德国队以2比0取胜。赛后克林斯曼说，这场比赛除了全队的出色发挥之外，最让他高兴的就是全队已经连续三场比赛0失球了，球队对防守的重视初见成效。教练组认为，这是球队第一次在本届世界杯上实现了赛前的所有设想。

点球大战后的意外

四分之一决赛对阵阿根廷队毫无疑问是焦点之战，拥有克雷斯波、特维斯、里克尔梅这样攻击线的阿根廷人，毫无疑问也是本次世界杯的夺冠热门，他们是有能力阻止德国继续前进的。柏林奥林匹克球场的72000张门票销售一空，更有2860万德国观众在电视机前观看比赛。克林斯曼赛前给球员减压说："阿根廷当然是热门，他们有能力继续前进，对于这样的球队，我们充满敬意，唯一要做的，是展现出自己的水平。"在长达6年的时间里，德国队已经再也没有战胜过一支夺得过世界冠军的球队了。

技术精湛的阿根廷人控制了比赛，控球率达到58%，阿亚拉下半场刚开场4分钟，就帮助阿根廷人取得领先，但德国人没有放弃，被媒体讥讽为打淘汰赛就不会进球的克洛泽，在第80分钟以漂亮的头球为德国队扳平了比分，这是克洛泽在两届世界杯上所打进的第一个淘汰赛进球。第90分钟两队战平，阿根廷人并没有换上速度奇快的梅西，导致阿根廷队的进攻缺乏节奏变化，这样很难撕开德国队的防线。加时再战两队也未能分出胜负，比赛进入点球大战。点球大战前，场上出现了感人的一幕：被莱曼挤到替补席上的卡恩，主动走到了莱曼身边，搂住后者的肩膀在说着什么，紧接着，两人击掌，相互微笑，相互鼓励。

莱曼用自己的出色表现，证明了克林斯曼在世界杯之前更换门将并非是错误的决定，他将阿亚拉和坎比亚索主罚的点球扑出，而德国队负责主罚的诺伊维尔、巴拉克、波多尔斯基和博罗夫斯基则四罚四中，德国队点球大战以4比2取胜，以总比分5比3顺利晋级。德国队第11次打进世界杯半决赛，这也创造了一个新的纪录。

在人们称赞莱曼的神勇时，却不要忽略了一个细节：在互射点球之前，科普克把一张神秘的纸条交到了莱曼手中，每当本方球员罚点球的时候，莱曼都会"偷窥"一眼这张纸条。事实上，正是这张纸条帮助德国队取得了胜利：球探齐根塔勒和科隆体院的数据团队，收集了所有对手的比赛数据，甚至包括对手的球员的生活习惯、婚姻家庭情况、主力球员的跑动路线、罚任意球和点球的方式、传中特点。在阿根廷球员主罚点球之前，其喜欢主罚的角度和方向其实已经尽在莱曼心中了。正所谓知己知彼、百战不殆，莱曼扑点球的成功，并不是他一个人的胜利，而是德国团队协作的结果。

比赛结束之后，却出现了一起意外的事件：默特萨克在跑去和莱曼庆祝的时候，突然被阿根廷球员库弗雷冲着下体踹了一脚，幸好默特萨克躲避及时，这一脚仅仅是踹在了大腿上。周围的德国球员立刻发现了这一切，梅策尔德、胡特和比埃霍夫都过来劝架。巴拉克回忆这一幕的时候说："在我们罚点球的时候，阿根廷人就不停地用西班牙语骂我们，试图激怒我们，干扰我们在罚点球时的情绪。在我们点球获胜之后，他们就开始用这种方式来报复我们。"德国媒体分析说，库弗雷的报复对象可能是博罗夫斯基，后者罚进制胜点球以后，向阿根廷人做出了闭嘴的手势，由于默特萨克和博罗夫斯基都是高个子、金发，库弗雷可能认错了人，于是默特萨克就挨了黑脚。

由于场面较为混乱，所以国际足联后来只能通过电视画面进行判罚。意大利人这时候提供了非常重要的证据。意大利"天空电视台"提供的录像显示，德国球员弗林斯在赛后对克鲁斯也有过激行为——由于意大利和德国将在半决赛相遇，所以意大利方面对联邦德国球员的处罚显得非常热心。最终如意大利所愿，弗林斯被罚款5000瑞士法郎，并被禁赛两场。正是这场禁赛，使得弗林斯错过了对意大利的半决赛，克林斯曼不得不在对意大利的半决赛中拆散弗林斯与巴拉克的黄金后腰组合。肇事的库弗雷被罚款10000欧元并禁赛4场，但阿根廷人已经被淘汰出局，德国人反而成为了最大的受害者。弗林斯的停赛，被很多德国媒体认为在很大程度上改变了德意之战的结果。

饮恨半决赛

德国队与意大利队的比赛在多特蒙德进行，在这里德国国家队还从来没有遭遇过失败，因此多特蒙德被认为是德国人的福地。由于弗林斯停赛，所以克林斯曼选择了让巴拉克与多特蒙德球员凯尔出任双后腰。施魏因斯泰格在之前的比赛中表现疲软，因此博罗夫斯基在本次世界杯比赛中首次首发。本场比赛巴拉克的位置比较靠后，所以德国队在中前场的组织并不是很得力，但与在佛罗伦萨的那场惨败相比，德国队几个月来的进步显然是巨大的。不过相比之下，意大利人显得更加老到，控球时间达到了57%，射门次数也高达10比2，对抗成功率意大利更以70%占据了绝对的优势。

两队在90分钟打成0比0。加时再战，里皮突然做出了调整：亚昆塔与皮耶罗先后上场，加上在第74分钟被换上场的吉拉迪诺，意大利队在前场有3个主要攻击点。事实非常明显，意大利人并不准备和德国人比点球，因为德国的点球，在世界大赛上还很少遭遇败绩。德国队对意大利队的这一调整显然有些措手不及，在离加时赛只剩下2分钟的时候，皮尔洛漂亮的直塞助攻格罗索得分，第120分钟皮耶罗再下一城，德国队遭遇黑色两分钟，在本土再夺世界冠军的梦想破灭了。足球"皇帝"贝肯鲍尔赛后表示，他认为意大利队在这场比赛中踢得"非常聪明"。

战败的德国队只能与葡萄牙队争夺世界杯的第三名，比赛在斯图加特进行，克林斯曼在自己的家乡比赛，可以说有着特殊的意义。绝大多数德国队的球员，还没有走出在半决赛中输给意大利队的阴影。但克林斯曼激励自己的球员说："这场比赛，你们不是为自己而战，你们是为了德国球迷而战，你们曾经许诺把冠军带给他们，虽然你们现在做不到这点了，但不能让他们在这场比赛中再留下遗憾。"卡恩在本场比赛中得以首发，这也是他代表德国队参加的第86场国家队比赛。巴拉克、默特萨克、弗里德里希和博罗夫斯基未在本场比赛中出场，弗林斯和施魏因斯泰格出任双后腰，扬森与诺沃特尼也在本次世界杯上首次首发。两队上半场都没有进球，下半场施魏因斯泰格在第56分钟和第78分钟打进了两记石破天惊的远射。第61分钟，又是施魏因斯泰格的射门，迫使佩蒂特自摆乌龙。终场前2分钟，菲戈助攻戈麦斯扳回一球，德国队以3比1击败葡萄牙队获得第三名。世界杯上打进5球的克洛泽荣膺金靴奖，波多尔斯基则荣膺最佳新秀。

德国世界杯，让人们看到了一个完全不同的德国队。在很久以来，爱国主义在德国都是一个禁忌的话题，因为这很容易让人想到德国在两次世界大战中，带给人们的灾难。第三帝国时期，"爱国"、"国家"这些神圣的字眼，更是被纳粹政府所劫持。正所谓"一朝被蛇咬，十年怕井绳"。很久以来，这些字眼都被视为道德禁区，不容轻易触碰。但在德国世界杯上，你能看到无数的红、黑、黄三色旗在疯狂的飘扬，连1989年柏林墙倒塌，两德统一，前任联邦德国总理勃兰特和科尔在勃兰登堡门上接受两德人民欢呼时，也没如此激情澎湃的场面。2006年世界杯，人们看到了一个激情四射的德国，一个热情奔放的德国。

世界杯结束三天之后，克林斯曼出人意料的宣布，辞去德国队主帅。克林斯曼直言："我觉得自己已经筋疲力尽了。这是个很难做出，但是又必须做出的决定，我度过了难忘的两年，我要对所有人表示感谢。"在克林斯曼执教的两年期间，取得了21胜7平6负的战绩。辞职之后，克林斯曼立刻飞回了加利福尼亚的海滩放松度假了。

克林斯曼带给德国国家队的变化是有目共睹的，他得到了德国全体国脚的支持。民意调查显示，93%的受调查者都希望克林斯曼能继续执教。即便连之前一直在批评克林斯曼的赫内斯，都表示"克林斯曼是执教德国队的不二人选。"但克林斯曼还是选择离开了，他知道他的理念已经为德国足球所接受，他开启了德国足球一个新的时代。克林斯曼已经厌倦了和官员们继续打交道，彼得斯未能成为技术总监，使得克林斯曼和德国足协之间出现了裂痕，而足协任命萨默尔为技术总监，也使得这裂痕越来越大。

克林斯曼用短短的时间，成为了德国的"全民偶像"。克林斯曼的影响，其实不仅仅是在足球领域，他为德国带来了美国风，带来了改革，带来了观念的改变，改变了德国社会那种拖拖拉拉的官僚作风，德国社会也从中受益匪浅。这其实是一种"克林斯曼效应"。

勒夫从幕后走向前台

克林斯曼也许并不算是一个好的教练，因为德国队的战术设计是勒夫完成的，身体训练是美国专家搞定的，技术分析是科隆体院做的，就像我们之前所说的，他就是一名CEO，他统帅着一个20—25人的团队。这些人包括：医生、理疗师、心理学家和健身教练。现在，CEO离开了，德国队的指挥棒交到了勒夫手中。虽然在做助教的时候，勒夫的才华已经得到了认可，但助教和主教是完全不同的两个概念。比埃霍夫回忆说："我现在依然能非常清楚地记得，当我提名勒夫为克林斯曼的继任者时，足协中那种不屑一顾和不信任的态度。足协已经习惯了像贝肯鲍尔、沃勒尔或者克林斯曼这些在球场上大名鼎鼎的名字。勒夫，则是继内尔茨、里贝克之后第三个在球员时期没进过国家队的主帅。"

其实，勒夫只是足协的B计划甚至是C计划。A计划当然是留下克林斯曼，连萨默尔接任的可能性都比勒夫大。但克林斯曼去意坚决，世界杯三、四名比赛结束之后，莱曼代表球队找到足协主席茨旺齐格，说如果克林斯曼不能留下，勒夫将是最佳选择。为了保持战术的延续性，足协经过慎重考虑，勒夫在斯图加特签下了自己的合同，两年的合同——2008年欧洲杯是次中考。勒夫年薪约200万欧元，比克林斯曼少了150万欧元。在上任伊始，勒夫就提出了自己的执教目标，这听起来与克林斯曼上任时如出一辙："我的目标是成为世界冠军。而近期我们的目标是夺得欧洲杯冠军。"

在克林斯曼的国家队中，克林斯曼最主要的作用就是鼓舞球员的士气。勒夫上任之后，会完成教育家到士气激励家的过渡吗？答案是否定的。与克林斯曼相比，勒夫更冷静，即便在世界杯德阿点球大战的关键时刻，勒夫的脉搏都没超过60次/分。当然，这脉搏与勒夫的面部表情是完全不配套的，以至于有人怀疑勒夫是不是心动过缓。勒夫两年助教的经历，赢得了球员的信任，而对于很多媒体来说，勒夫则显得太和气，或者说是缺乏人格魅力，认识当然是片面的。

主教练的魅力都是通过成绩打出来的。勒夫的执教前景看起来的确是一帆风顺。在欧洲杯预选赛上，德国队以1比0击败爱尔兰队，13比0大胜圣马力诺，接着4比1击败斯洛伐克，再加上在友谊赛上以3比0力克瑞典，2比0胜格鲁吉亚，勒夫成为了德国队历史上第一位开局就取得了五连胜的主帅，且德国队在这5场比赛中打进了23球仅丢1球。在资格赛中，德国队的真正对手只有捷克队，3月24日两队在布拉格的交手，也是对勒夫的第一次考验：第42分钟和第62分钟，库兰伊两度头球破门，巴罗什仅仅在第76分钟扳回了一球。德国队凭借着这场胜利，向着欧洲杯决赛阶段的比赛迈出了重要的一步。

在客场战平爱尔兰队之后，德国队已经提前从小组中出线，这也直接导致了德国队在接下来对捷克队比赛的松懈，松懈的结果当然是致命的，德国队以0比3失利。这是勒夫执教以来，首次在正式比赛中输球，这也直接导致了德国队只能以小组第二名的身份晋级，让人们刚刚树立起的信心难免会有所动摇。不过出人意料的是，勒夫在球迷中拥有相当高的支持率，而除了欧洲杯预选赛小组第二名的成绩，勒夫并没有什么成就。究其原因，除了他风度翩翩的形象之外，最重要的是，他为德国队量身定制的漂亮的攻势足球，深得球迷之心。

欧洲杯小组赛德国队与波兰队、奥地利队和克罗地亚队同组。首轮对阵波兰队，克洛泽两次助攻，波多尔斯基在第20分钟和第73分钟梅开二度，德国队轻松过关。次轮对阵克罗地亚队，德国队则没有那么幸运，塞尔纳和奥利奇为克罗地亚连进两球，德国队只在第79分钟由波多尔斯基扳回一球。一胜一负的德国队在小组末轮中以1比0小胜奥地利队，以小组第二名的身份晋级，巴拉克第49分钟的任意球帮助球队全取3分。

　　四分之一决赛对阵葡萄牙队，两队在2006年世界杯三、四名决赛就有过交手。当时德国队以3比1取胜，此次仇人相见自然分外眼红。施魏因斯泰格再次扮演了葡萄牙队克星的决赛，他在第22分钟帮助德国队先下一城，4分钟后，克洛泽将比分扩大为2比0。努诺·戈麦斯在中场前打进一球将比分扳为1比2，但第61分钟，巴拉克的头球将两队的差距继续保持在两球。波斯蒂加在终场前3分钟的进球也于事无补。这场比赛，德国队将勒夫的攻势足球理念展现得淋漓尽致。

　　半决赛中，德国队与土耳其队再次打了一场激情四射的对攻战：土耳其人在第22分钟先进一球，施魏因斯泰格与克洛泽在第26分钟和第79分钟连下两城，2比1将比分反超。顽强的土耳其人在第86分钟凭借森图尔克的进球再度扳平比分。就在所有人都以为比赛将进入加时赛的时候，拉姆在第90分钟的进球，将特里姆的土耳其挡在了决赛大门之外。决赛中对阵西班牙，勒夫用伤愈复出的弗林斯顶替了罗尔费斯。德国队在这场比赛的战术略显保守，始终被西班牙人控制着比赛，西班牙队的托雷斯在第33分钟进球，最终，西班牙队1比0，战胜了德国队，摘取了2008年欧洲杯决赛的桂冠。

　　虽然勒夫最终未能带领球队夺取欧洲杯，但德国队在欧洲杯上的表现还是得到了一致好评。此后德国队马不停蹄地开始了南非世界杯预选赛的征程。虽然这支德国队非常年轻，但是表现得非常稳定。在小组赛阶段联邦德国开启"无敌模式"，打出了8胜2平的不败战绩，让小组的其他对手望尘莫及。在与小组主要对手俄罗斯的两场比赛中，德国分别以2比1和1比0的比分，双杀对手。俄罗斯主帅希丁克表示这支德国队是"难以战胜的"。

双重打击下的德国队

鉴于德国队在小组赛中的出色表现，2009年12月16日德国足协决定，与勒夫续约到2012年欧洲杯后。虽然德国足协选择了与勒夫续约，但可以看出，每次足协方面的决定都非常谨慎。就在德国队齐心协力朝着南非世界杯前进的时候，有两起突发事件严重地影响了德国队的备战：其一是恩克的意外自杀，其二是巴拉克的受伤。

恩克是德国队2008年欧洲杯的二号门将，在莱曼挂靴之后，他成为了德国队的一号门将。2009年11月10日18点17分，32岁的恩克卧轨自杀，这在德国足坛引起了强烈反响。调查结果显示，从2003年开始，恩克就患上了心理疾病并逐渐发展成了抑郁症。关于恩克为何选择轻生，有多种说法，其中最主要的诱因可能是因为女儿拉拉的死：恩克的女儿于2004年出生，然而不幸的是拉拉有先天性心脏病，虽然动了4次手术，但依然未能挽救拉拉的生命。恩克始终无法走出失去爱女的阴影，他自杀的地点离拉拉的墓地只有100米的距离。此外，由于受伤病的影响，恩克落选了最新一期的国家队名单，他觉得参加世界杯的希望渺茫，因此做出了这样极端的决定。恩克成为了继2007年的代斯勒之后，德国足坛又一名患抑郁症的牺牲者。

恩克的自杀，也给德国队带来了门将位置上很大的麻烦，替补门将诺伊尔只有6场国家队比赛的经验。不过，在南非世界杯比赛中，年轻的诺伊尔一战成名，一举坐稳了德国队一号国门的宝座。

第二件对德国队有深远影响的事件是巴拉克的受伤。2010年5月15日，巴拉克代表切尔西在英格兰足总杯决战中迎战普斯茅斯，他被博阿滕踢伤了右脚脚踝，至少要休战8周，这也意味着巴拉克无缘在南非进行的世界杯决赛阶段的比赛，巴拉克卡恩时代就此落下帷幕。事后，博阿滕对巴拉克表示了歉意。但巴拉克拒绝接受道歉，他认为博阿滕的犯规是故意伤害，巴拉克的经纪人还一度威胁要将博阿滕告上法庭。不过，这一切都不能改变巴拉克无法为德国出战2010年南非世界杯的事实。

在勒夫的战术体系中，巴拉克一直是德国队攻防转换的枢纽，也是球队的精神领袖。他的受伤，迫使勒夫临时做出调整——施魏因斯泰格成为球队新的核心，赫迪拉占据了另一名主力后腰的位置。拉姆则成为了德国队的新队长。

世界杯英雄——卡恩

德国是个盛产门将的国度，从迈耶、舒马赫到科普克、卡恩，都曾经是世界足坛最耀眼的明星。卡恩并没有世界杯冠军头衔的光环，但这并不妨碍他成为德国队在世界杯上表现最耀眼的明星。卡恩曾经连续四次获得欧洲最佳门将，两次获得德国足球先生。卡恩最高光的时刻，是他在2002年世界杯上，成为了历史上首位，也是唯一的一位赢得世界杯金球奖的守门员。

卡恩于1969年6月15日出生于卡尔斯鲁厄，他的父亲罗尔夫·卡恩是卡尔斯鲁厄队的一员。所以很小的时候，卡恩就开始跟随卡尔斯鲁厄少年队训练，刚开始的时候他并不是门将，但很快他就成为了球队不可或缺的主力门将。成年之后，卡恩成为了卡尔斯鲁厄队的一员，他在那里一直效力了7年，但跟随卡尔斯鲁厄队，卡恩所取得的最好成绩也不过是联赛第六名而已。

命运在1994年卡恩成为拜仁的一员后改变，他在拜仁赢得了一次冠军联赛冠军、一次洲际杯冠军、一次联盟杯冠军、八次德甲冠军、六次德国杯冠军、六次联赛杯冠军。1993年，卡恩就被招入了国家队，但那是一个德国门将强人辈出的年代，1990年的世界冠军伊尔格纳牢牢的占据着主力门将的位置，连科普克这样的门将，也只能给伊尔格纳打下手，年轻的卡恩根本未能获得出场的机会。1994年，卡恩作为第三门将，代表德国以参加了美国世界杯，但并未能获得出场的机会。事实上，直到1995年6月23日，卡恩才在对瑞士的比赛中获得出场的机会，在这次比赛中德国队以2比1取胜。

不过，在与科普克之间的对抗中，卡恩依然处于下风，1996年欧洲杯德国夺冠，卡恩是第二门将，1998年世界杯德国队惨淡出局，卡恩依然没有获得机会，直到科普克在1998年世界杯之后挂靴，卡恩才成为了德国队的一号门将。从1993年入选国家队，到1998年被扶正，卡恩在德国队已经度过了五年的时光。但谈起这五年，卡恩并不沮丧："我不认为这五年的时光是虚度了，我坐在替补席上观看比赛，思考比赛，这是非常难得而且重要的经验。"

2000—2001赛季，拜仁与沙尔克04的冠军争夺战一直打到最后一轮，拜仁终场前的丢球看起来已经使得自己丢掉了到手的冠军，但卡恩"永不言败"的作风在这一刻得到了充分的体现，他鼓舞队友战斗到最后一刻，拜仁最终在加时赛中进球，将命运重新掌握在了自己手中。这一刻留给了德国球迷太深的印象。2002年1月26日，当沃勒尔将德国队队长袖标交给卡恩的时候，这一刻看起来是那样的顺理成章。

2002年卡恩在韩日世界杯上的表现人们有目共睹，德国队能顺利打进决赛，在前场依靠的是巴拉克的进攻，而在后场，则依靠的是卡恩神勇的扑救。虽然决赛对阵巴西的时候，卡恩出现了不应有的致命失误，但综合他在世界杯上的表现，国际足联技术委员会还是决定将金球奖授给卡恩。2004年德国队陷入低谷，克林斯曼接手后进行了全方位的改革，巴拉克取代卡恩成为德国队新任队长。

克林斯曼让卡恩与莱曼就一号国门的位置展开了激励竞争，最终在2006年4月7日，克林斯曼宣布莱曼为德国队的一号门将。这对卡恩来说绝对是一个意外的打击。就在媒体以为卡恩会以退出国家队来报复克林斯曼的决定时，卡恩在3天后召开新闻发布会宣布，自己会作为德国队的第二门将征战2006年世界杯。

在德国队与阿根廷队的点球大战前，卡恩主动去向自己的竞争对手莱曼问好，那温情的一幕，感动了全世界所有的球迷。卡恩赛后说："我只是觉得，那时候莱曼需要我的鼓励和支持。"这一幕也成为了2006年世界杯上最感人的一幕。与葡萄牙人的三、四名争夺战，也成为了卡恩在世界杯上的告别赛，虽然未能夺得世界冠军成为了卡恩一大遗憾，但能以这种方式告别国家队，对卡恩来说，也是再好不过的选择。卡恩在德国足球低谷的时候崛起，在德国足球重新走向辉煌的时候离开，他永不言败的精神，影响了整整一代德国球员，也为冷酷的德国装甲战车注入了激情与活力。

十七、2010年南非世界杯——再获第三

2010年，勒夫率领德国队开始了南非世界杯的征程。德国队与加纳队，澳大利亚队与塞尔维亚队一组，这组的实力相对平均，德国队虽然实力占优，却也没有绝对的优势。

首战澳大利亚队，德国队除了缺少巴拉克之外，阿德勒、罗尔费斯与特雷施也因伤缺阵。事实证明，即便缺少巴拉克，德国队依然能打出酣畅淋漓的攻势足球：第8分钟，穆勒右路横传，左路包抄的波多尔斯基劲射破门，打进了德国队本次世界杯的首粒进球。此后比赛的局势尽在德国队掌控之中。第26分

钟，克洛泽接拉姆的传中头球破门将比分扩大为2比0。第68分钟，穆勒将比分改写为3比0，2分钟后，卡考的进球将最终的比分锁定为4比0。

这场比赛打完之后，德国媒体的一个疑问就是——德国队还需要巴拉克吗？巴拉克虽然经验丰富，但由于年纪偏大，他的在场也导致了德国队攻防速度相对较慢，对阵澳大利亚队这种水银泻地般的攻势，已经很久没在德国队出现了。

次战德国队迎战塞尔维亚。在本场比赛之前，德国队已经连续24年没有在世界杯小组赛阶段输过球了，上一次失利还是在1986年小组赛以0比2输给丹麦队的比赛。面对东欧球队，德国队的表现总是不尽如人意，就如在欧洲杯小组赛中输给克罗地亚一样，德国本场比赛首发一般，克洛泽在第37分钟得到第二张红牌被罚下，德国队在绝大多数时间都在以少打多。第38分钟，塞尔维亚就取得了进球。第60分钟，维迪奇禁区内手球犯规，波多尔斯基主罚的点球却被塞尔维亚门将扑出，德国队虽然创造了很多机会，却始终无法扳平比分，只能0比1饮恨。

输给塞尔维亚之后，德国队只能在小组赛最后一轮中击败加纳才能确保出线。勒夫对阵容做出了调整，卡考顶替了上一次比赛被禁赛的克洛泽，博阿滕则替下了发挥不佳的巴德施图伯。不过，缺少了克洛泽在前场穿针引线，德国队本场比赛的攻势并不是很流畅。德国队只是凭借着厄齐尔第60分钟的进球以1比0小胜对手。凭借这场胜利，德国队获得了小组第一名。

八分之一决赛中德国队对阵英格兰队，与以前世界杯上德英对决一样，这场比赛注定也能被载入史册。德国队的进攻在这场比赛中打得回肠荡气，原本一场势均力敌的比赛，在这场比赛中变成了一边倒。第20分钟，诺伊尔大脚将球开到前场，克洛泽高速突入禁区铲射破门为德国队首开纪录。第32分钟，穆勒中路挑传，波多尔斯基左路插上小角度抽射破门。第37分钟，杰拉德开出任意球，厄普森头球破门为英格兰扳回一球。1分钟后，兰帕德的远射击中横梁弹在了门线以内，但当值主裁判认为皮球没有越过门线，示意继续比赛，英格兰队球员抗议无效。慢镜头显示，皮球的确已经越过了门线。德国媒体认为，英格兰队这个球，是为1966年的温布利进球还债。而英格兰队则表示，一旦这个球得到了公正的判罚，那么场上的比赛将是2比2，德国队是否还能轻松赢得这场较量就不得而知了。

下半场，一球领先的德国队从容打起了反击。第67分钟，德国队发动快速反击，穆勒的射门势大力沉洞穿了英格兰的球门。3分钟后，厄齐尔左路边路突破横传，穆勒中路包抄破门，德国队以4比1淘汰了英格兰队。这也是英格兰人在世界杯上所遭遇的最大比分失利。

四分之一决赛中德国队遭遇马拉多纳担任主帅的阿根廷队，四年之前两队的点球大战以及赛后的冲突还历历在目，如今两仇家又狭路相逢。不过，与四年前那场惊心动魄的比赛不同，这场比赛德国队没给梅西、伊瓜因和特维斯领衔的阿根廷人任何机会。与对阵英格兰时一样，德国队早早就取得了进球：第3分钟，施魏因斯泰格左路开出任意球，穆勒头球破门。此后两队互有攻势，都创造了不少机会。第67分钟，德国队利用阿根廷队体力下降的机会，打出了一拨攻势：波多尔斯基左路横传，克洛泽中路包抄将球送进了网窝。7分钟后，施魏因斯泰格左路下底回传，弗里德里希门前包抄铲射破门。终场前1分钟，厄齐尔左路传中，克洛泽凌空垫射破门梅开二度，德国队以4比0淘汰阿根廷队跻身4强，也被认为是夺冠的最大热门。值得一提的是，这场比赛恰恰是克洛泽代表德国队所打的第100场比赛。这两个关键进球，也使得克洛泽在世界杯总射手榜上追平了盖德·穆勒的14球。

因伤无法参加世界杯的巴拉克，在场边观看了德国队战胜阿根廷队的比赛。按照巴拉克原来的计划，是希望和国家队一起，直到德国队结束在南非的全部比赛之后，再和球队一起回德国队。但在半决赛进行之前，却突然传出一个让人意外的消息：巴拉克独自一人返回了法兰克福。巴拉克给出的理由是：

在南非的治疗不理想，需要先回卢森堡做复检治疗。但事实可能并非如此。在世界杯前，因为巴拉克的受伤，勒夫将队长袖标交给了拉姆。人们普遍认为，拉姆只是临时队长，等到巴拉克归队之后，队长的位置还是巴拉克的。但在半决赛前接受媒体采访的时候，拉姆非常明确地表示："我非常希望继续保留队长袖标，这个角色带给我很多乐趣，我非常乐意继续担任队长，我没理由自愿放弃。"

事实上，就在参加世界杯之前，巴拉克在队内的统治地位就已经有下降的趋势：在德国队对威尔士队的客场比赛中，就出现过波多尔斯基掌掴巴拉克的事件。这不是一个偶然现象，巴拉克在队内的统治力已经下降了，对英格兰队与阿根廷队这两场摧枯拉朽般的胜利，又恰恰是巴拉克不在场上的情况下发生的。问卷调查显示，有超过60%的受访者认为，巴拉克不应重返国家队。因此，在这个敏感的时刻，当巴拉克出现在南非之后，他并未受到队友的欢迎，因此巴拉克选择了离开。

队长风波以巴拉克的离开暂告一段落，德国队在半决赛中的对手是欧洲杯冠军西班牙队。在2008年的欧洲杯决赛上，德国队就曾经以0比1惜败对手。德国队本场比赛失去了黄牌停赛的穆勒，后者的位置被特罗霍夫斯基顶替。西班牙队的控球型打法给德国队制造了很大的麻烦，而连续打出了两场经典比赛的德国队状态也有所下降。第73分钟，哈维左路开出角球，普约尔头球破门，毁灭了德国队在南非夺冠的梦想。

本场比赛之后，勒夫的排兵布阵第一次受到了媒体的质疑。媒体认为，勒夫在面对西班牙队的时候过于谨慎了。虽然勒夫在对阵西班牙队的时候曾经表示，遏制西班牙队的进攻不能靠防守，而只能以攻对攻。但事实上，勒夫的球队并没有打出破釜沉舟的勇气和决心。德国队重复了2008年输给西班牙的一幕，几乎以同样的方式向西班牙人俯首称臣。此后在第三、四名决赛中，德国队以3比2战胜了乌拉圭队，再夺第三名，上场比赛中停赛的穆勒本场比赛中又斩获一球，并最终以5个进球3次助攻夺得了本届世界杯的最佳射手。

世界杯之后，勒夫其实一直在等待巴拉克自己宣布退役的消息，但巴拉克不是卡恩，也不是莱曼，他还想代表德国队参加2012年欧洲杯。不过，勒夫的国家队已经不需要巴拉克了：从战术的层面上不需要——没有巴拉克的德国队更加机动、灵活；从领导的层面也不需要，勒夫不需要像巴拉克这样威权型的领袖，他需要拉姆、施魏因斯泰格这样的年轻人挑起场上指挥的重任。为了缓解巴拉克与勒夫之间的矛盾，足协曾为两人安排了一次秘密会谈，但双方都对会谈的结果保持了缄默。

2011年6月16日，巴拉克收到了德国足协主席尼尔斯巴赫的短信，足协已经召开了新闻发布会，宣布巴拉克退出国家队，但巴拉克对这一情况并不知情。这时3月份那次会谈的内容被披露了出来，但却有两个截然不同的版本：足协版的说法是，当时勒夫明确告诉巴拉克未来的计划中没有他的位置；而巴拉克版的则是——勒夫鼓励我，说只要恢复状态，我就能重返国家队。

感到自己受骗的巴拉克痛斥勒夫为"伪君子"，并拒绝了德国足协为他安排的告别赛。这出肥皂剧在德国足坛引起了轩然大波，但有一点非常清楚，那就是在世界杯之后，巴拉克再也没有入选过勒夫的国家队，德国足坛的巴拉克时代正式谢幕了。

渴望冠军的勒夫

勒夫调教的德国队有一个非常明显的特点，那就是非常稳定：不该丢分的比赛绝不丢分。这点在2012年欧洲杯预选赛中就表现得相当明显。德国队与土耳其、比利时、奥地利、阿塞拜疆和哈萨克斯坦同一小组，10场比赛下来，德国取得了10连胜的佳绩，打进了34球，仅仅丢了一球。

决赛阶段小组赛德国依然显得非常强势，首战戈麦斯头球破门，以1比0击败了拥有C罗的葡萄牙队。次战世界杯亚军荷兰队，施魏因斯泰格两度助攻，戈麦斯梅开二度，虽然范佩西为荷兰队扳回了一球，但德国队还是以2比1力克老冤家，这场比赛的结果也使得荷兰队提前打道回府。末战取胜才能出线的丹麦，比赛进行得紧张、激烈。波多尔斯基在第19分钟为德国队先进一球，但丹麦队很快扳平了比分，德国队只是凭借拉斯·本德第80分钟的进球才击败了丹麦队。三战全胜的德国队名列小组第一名进军四分之一决赛。

四分之一决赛中对手希腊队的战斗力与德国队显然不是一个层次上的，德国队以4比2大获全胜与意大利队会师半决赛。遗憾的是，德国队依然难以摆脱在大赛中难以战胜意大利队的命运。意大利队的巴洛特利在第20分钟和36分钟头顶脚踢连进两球，德国队只是在第90分钟由厄齐尔打进了一粒点球。志在夺冠的德国队，再次在半决赛中饮恨出局，未能实现与夺冠大热门西班牙队会师决赛并复仇的梦想。

从2006年开始执教德国队，勒夫率队6年，两次参加欧洲杯，一次获得第二名，一次杀入四强，一次参加世界杯名列第三。这样的成绩，放在德国之外的任何一个国家，都应该说是相当出色的，但在德国不行——在这样一个世界冠军的国度，没有冠军，就是失败，德国队等待冠军已经很久了。

不出意料，勒夫回到国内，对他的批评声就铺天盖地而来。而面对批评声，勒夫直到54天之后，才发表了长达25分

钟的声明对批评进行一一反驳。勒夫表示，自己接受公正的
批评，但有些批评是无稽之谈。勒夫所说的所谓无稽之谈，
是有媒体批评在对阵意大利之前唱国歌时，意大利球员都在
引吭高歌，热情十足，但德国队的厄齐尔、赫迪拉、博阿
滕和波多尔斯基则对德国国歌无动于衷。对此，勒夫评论说：
"这让我很不愉快，不唱国歌就代表不爱国吗？我告诉球员
说，能唱最好，不唱我也能理解，德国足协对唱国歌也没特别
规定。"勒夫的反驳并没有得到民众的认同，《图片报》的调
查结果显示，64%的德国人认为勒夫的辩解理由并不充分。

此外，以内策尔为代表的一批批评家认为，勒夫的球员
缺少冠军气质，在过去几年的比赛中，队长拉姆、副队长施魏
因斯泰格并没有突出的表现。对此，勒夫反驳说："球员的能
力是毫无疑问的。没有他们，我们在过去的几年里，也不可能
离冠军那样近。"而面对勒夫的反驳，《图片报》强硬回应：
"勒夫无法命令我们停止讨论，只有赢得冠军才是硬道理。"
只可惜，勒夫执教的这六年，唯一缺少的就是一个冠军头衔。

勒夫的战术和指挥能力毋庸置疑，他所率领的德国队，能
打出比巴西人更加华丽和富有攻击力的攻势足球，没有人比勒
夫更渴望得到冠军来证实。2014年巴西世界杯无疑是极好的机
会——老对手西班牙的整体实力，已经无法与2008—2012年巅

峰时期相提并论，意大利的整体实力也在下降，巴西除了东道主的因素，没有什么值得骄傲的地方，而阿根廷人始终难以摆脱攻强守弱的窠臼。在这种情况下，德国队开始向巴西世界杯开始全力冲刺。

世界杯英雄——巴拉克

毫无疑问，巴拉克是德国世界杯历史上最具悲剧色彩的英雄——2002年世界杯，他几乎凭借着一己之力，将德国队带进了决赛，他自己却因为禁赛而无缘决赛；2006年世界杯，他率领德国队与意大利激战120分钟，却因为德国队最后3分钟的失球而饮恨；2010年，当他满怀壮志地准备去征战南非世界杯的时候，却因为意外的伤病不得不告别国家队。

巴拉克出生于1976年9月26日，他从开姆尼茨开始了职业生涯，并最终在神奇主帅雷哈格尔的凯泽斯劳滕队大放异彩。此后巴拉克被福格茨招进了国家队，但在国家队他一直没有获得出场机会。直到1999年4月28日，巴拉克才得以在德国队对苏格兰队比赛中才完成了自己国家队的处子秀，当时他顶替的是中场球员哈曼。

在接下来的2000年欧洲杯上，巴拉克并没有获得太多的机会，他仅仅出场打了63分钟的比赛。巴拉克真正的大放异彩，是在他转会勒沃库森以之后，2001—2002赛季，巴拉克率领勒沃库森队获得了冠军联赛、德甲联赛和杯赛的"三亚王"。尽管取得没有冠军，但毫无疑问，此时的巴拉克已经进入了职业生涯的黄金期。德国队能打进2002年世界杯决赛阶段的比赛，巴拉克在主、客场对乌克兰比赛中3个至关重要的进球也起到了决定性的作用。

"三亚王"之后，夺得世界杯的冠军就成为了巴拉克最大的心愿。不过客观的说，2002年的那支德国队，是一支处在低谷中的国家队，但巴拉克在淘汰赛阶段连续进球，保证了球队闯入了决赛。只可惜这场比赛巴拉克却无缘参加，他在半决赛中得到了黄牌，只能作壁上观。时任德国队主帅沃勒尔在回忆这届世界杯的时候说："这届世界杯上我最难忘的是三件事，第一件是克洛泽的出色表现，第二件是巴拉克无缘决赛的痛苦，第三件是卡恩在决赛之后的沮丧。我能想象巴拉克的痛苦，如果他能打进决赛，哪怕是失利，恐怕也是完全不同的感受，而如果巴拉克能打决赛，最终的结果会如何还很难讲。"2002年世界杯后，巴拉克加盟拜仁慕尼黑，并成为了拜仁的中流砥柱，在他为拜仁所效力的117场比赛中共攻进了44球。

2004年欧洲杯上，德国队遭遇了惨痛的失利，在克林斯曼接手德国队之后，就将巴拉克确定为德国队的新队长。巴拉克虽然是一名中场球员，但是他的攻击力堪比前锋，在他代表德国队所打的98场比赛中，斩获了42粒进球，这样的进球率可以与顶尖的前锋相比肩。不过，在2006年世界杯上，他证明了自己同样是一名顶尖的后腰。在对厄瓜多尔队和阿根廷队的比赛中他都被评为了当场最佳球员。遗憾的是，巴拉克所率领的德国队在半决赛中输给了意大利队，他的世界冠军之梦再次破灭了。本届世界杯之后，巴拉克入选了国际足联所评选的全明星阵容。

2008年欧洲杯上，巴拉克在德国队对奥地利队的比赛中打进了一粒精彩绝伦的任意球，这个进球也成为了2008年的最佳进球。巴拉克在欧洲杯后再次入选全明星阵容。2010年5月6日，德国队主帅勒夫公布了参加2010年世界杯的名单，巴拉克依然是球队的主力。就在巴拉克踌躇满志地备战2010年南非世界杯的时候，意外的伤病却突然将他击倒——5月15日，在英格兰足总杯的决赛上，巴拉克被博阿滕铲伤。严重的伤势使得他无缘代表德国队参加南非世界杯的比赛，而他德国队队长的袖标，也交到了拉姆手中。2010年世界杯之后，由于与德国队在主帅勒夫的矛盾，巴拉克再也未能入选国家队。而未能夺得世界杯冠军，也成为了巴拉克永远的遗憾。

不过无论如何，都无法影响巴拉克成为德国世界杯历史上最成功的球员之一。巴拉克与卡恩，一同缔造了德国足球历史上的卡恩、巴拉克时代，一次世界杯亚军，一次世界杯季军的荣誉将永载德国足球的史册。巴拉克总共代表德国队打了98场国家队比赛，其中有55场比赛是作为队长身份参加比赛的，这一纪录仅次于马特乌斯的75场。即便曾经作为队长，率领德国队举起世界杯的贝肯鲍尔，也只有50次戴上过德国队队长的袖标。

世界杯英雄——克洛泽

克洛泽，1978年6月9日出生于波兰的奥伯莱，德国国家队世界杯历史上最出色的前锋之一。2006年世界杯，他以5个进球成为金靴奖得主。克洛泽在世界杯中的总进球为14个。由于他还要代表德国队征战2014年世界杯，所以德国媒体认为，他非常有希望超过在世界杯上打进15球的罗纳尔多，独享世界杯总进球纪录。

克洛泽的父亲是德国人，也曾经是一名职业球员，而他的母亲则是波兰手球队的一员，因此克洛泽从小就展示出了极佳的运动天赋。克洛泽的童年是在波兰度过的，7岁的时候，他跟随父母到了德国。而谈到那一刻，克洛泽说："波兰永远在我的心中，离开波兰的时候，对我是终身难忘的一刻。"

克洛泽的职业生涯很顺利，他1999年加盟凯泽斯劳滕，2000—2001赛季才打上主力就被慧眼识人的沃勒尔招入了国家队。2001年3月24日，克洛泽在与阿尔巴尼亚的比赛中，完成了在国家队的处子秀。沃勒尔之所以这样早就将克洛泽招入国家队，也与波兰队的介入有关：2001年1月，时任波兰国家队主帅的恩格尔专门赶到德国，试图劝说克洛泽加盟波兰国家队，但克洛泽非常明确地拒绝了波兰方面的邀请："我有德国护照，如果我能继续有高水平的发挥，我有机会为沃勒尔的德国队效力。"

事实证明，克洛泽选择德国队以及沃勒尔果断地将克洛泽招入德国国家队都是正确的决定。克洛泽在2008年接受波兰媒体采访时说，选择加入德国队，并非是一个很轻松的决定，如果波兰方面来得再早一点，他也许现在已经在为波兰国家队效力了。不过，克洛泽接着说："但我并不后悔选择德国国家队。"凡是克洛泽进球的比赛，德国队还从来没有输过球。

2001—2002赛季，克洛泽在凯泽斯劳滕打进了16球，在射手榜上仅次于夺得射手王的阿莫鲁索与马克斯。这样状态出色的克洛泽，沃勒尔当然不会弃之不用。于是，这名正在凯泽斯劳滕升起的新星，开始在韩日世界杯上大红大紫：他打进了5球，而这5个进球全部是头球，他也成为了第一个在一届世界杯上打进5个头球的球员。克洛泽标志性的空翻庆祝进球的动作，也被称作"克洛泽空翻"。这五个进球也使得克洛泽夺得了2002年世界杯的银靴奖。

2004年欧洲杯对克洛泽是苦涩的回忆，他刚刚从伤病中恢复过来，只在两场比赛中替补出场，德国队在小组赛就早早出局了。2005年对克洛泽同样不顺利，他在联合会杯中受伤，复出之后也仿佛失去了进球的感觉。

克洛泽这样的球员，仿佛就是为世界杯这样的大场面而生的。2006年世界杯，他在揭幕战中面对哥斯达黎加队梅开二度，对厄瓜多尔队他再度斩获2球。半决赛中，克洛泽两度助攻波多尔斯基得分，德国队以2比0击败了瑞典队。在四分之一决赛对阵阿根廷队的比赛中，他打进3年以来自己在国家队的首粒头球，帮助德国队逼平对手并最终赢得点球大战。德国队未能赢得世界杯，但克洛泽的5个进球使得他成为了金靴奖的得主。2008年欧洲杯上，克洛泽在小组赛没有斩获，但到了四分之一决赛和八分之一决赛却连续进球，帮助德国队打进了决赛，只是惜败于西班牙队。

2009—2010赛季，克洛泽只为拜仁打进了3球。因此，媒体质疑说，勒夫不应该带克洛泽去参加南非世界杯。勒夫用人不疑，克洛泽也给了他最好的回报：对阵澳大利亚队，克洛泽斩获一球，八分之一决赛中对阵英格兰队，他打进了自己在世界杯的第12粒进球，追平了贝利，在世界杯总射手榜排名第四，这也是他在99场国家队比赛中所打进的第50个进球。四分之一决赛中对阵阿根廷队，克洛泽再次爆发打进2球，在世界杯总射手榜上追平了穆勒，仅次于罗纳尔多的15球。

虽然在征战2014年世界杯时候，克洛泽已经36岁高龄，但他依然是德国队最致命的武器。在资格赛阶段他打进了4球，国家队进球数达到68球，追平了穆勒保持的德国队进球纪录。克洛泽已经明确表示，2014年世界杯，将是他代表德国队所打的最后一届世界杯，他希望能为德国打进更多的进球，并帮助德国队赢得世界冠军。

世界杯英雄——拉姆

在世界大赛上最吸引眼球的，要么是如罗纳尔多这样势不可挡的前锋，要么是像马拉多纳这样指挥若定的中场，即便像卡恩这样的门将，也不乏表演的机会，后卫往往属于被忽视的人群，除非他们能成为像巴雷西、马尔蒂尼这样传奇般的人物，而拉姆就是这样一名后卫。一名身体条件并不出色的后卫，凭借着自己后天的努力，成为了德国足坛的领军人物。

拉姆1983年11月11日出生于慕尼黑，是拜仁慕尼黑最成功的青训产品之一。由于在拜仁一线队暂时没有位置，2003—2004赛季开始，拉姆被租借到斯图加特并迅速吸引了国家队主帅沃勒尔的注意。2004年2月18日，20岁的拉姆在对克罗地亚的友谊赛中完成了自己在国家队的首秀。他在比赛结束之后就被权威的《踢球者》杂志评为了当场比赛最佳球员。随后拉姆成为了德国队不可或缺的一员，从数据就能看得出来：德国队2004年一共打了16场比赛，拉姆打了15场，其中包括3场欧洲杯小组赛，这不像是一名国家队新人的数据。拉姆凭借自己的努力，已经坐稳了国家队主力左后卫的位置。

拉姆因伤错过了2005年联合会杯的比赛。直到2006年3月1日，拉姆才在14个月后重返国家队，德国队在世界杯热身赛中以1比4负于意大利。经过调整之后，拉姆重新找回了状态，在2006年6月9日世界杯揭幕战上，拉姆开场6分钟就远射破门，打进了2006年世界杯的首粒进球。在接下来对阵波兰的比赛中，拉姆更是被评为当场比赛的"最佳球员"。凭借着在2006年世界杯上的出色表现，拉姆入选了国际足联所评选的全明星阵容，他也是唯一一名在本届世界杯上打满了全部比赛的德国队球员——在克林斯曼的战术体系中，只有拉姆是无法取代的。

2008年，拉姆在欧洲杯上将自己全能的一面展示得淋漓尽致：他前两场比赛在右后卫的位置上首发，但由于扬森在左后卫的位置上表现得一塌糊涂。所以从小组赛第三场对奥地利队的比赛开始，勒夫安排弗里德里希打右后卫，而拉姆回到了左后卫的位置上。半决赛中对阵土耳其，两队鏖战89分钟比分还是2比2。后来拉姆在第90分钟完成了绝杀。他用这种方式向世人宣布，拉姆并不是一名普通的后卫，而是一名具有决定比赛结果能力的进攻型后卫。这粒进球也被拉姆称为职业生涯最重要的进球之一，拉姆也被评为了本场比赛的最佳球员。不过，2008年留给拉姆更多的是苦涩的回忆，他与莱曼之间的配合失误，使得西班牙举起了冠军的奖杯。

2010年世界杯预选赛上，拉姆又成为了打满全部比赛的球员。4年的时间，德国队主帅从克林斯曼变成了勒夫，但拉姆依然是无可替代的。当巴拉克因伤退出了2010年世界杯之后，勒夫将队长的袖标交给了拉姆。2010年6月13日，是能载入德国足球史册的时刻，拉姆在对澳大利亚队的比赛中成为了德国队在世界杯上最年轻的队长。在半决赛对阵西班牙队之前，拉姆表态说，希望能够永久的担任德国队队长，而不仅仅是在巴拉克受伤期间，担任一名"过渡队长"。2010年世界杯后，巴拉克再也没有入选过国家队，所以拉姆也实现了一直担任德国队队长的愿望。

尽管有人批评拉姆并不适合担任德国队队长，但勒夫不为所动。2012年欧洲杯预选赛，拉姆再次作为队长打满了全部10场比赛。虽然这次欧洲杯，德国依旧无缘冠军，但拉姆的表现依然可圈可点，四分之一决赛对阵希腊的比赛，正是拉姆的进球为德国打开了胜利之门。

2014年世界杯，将是拉姆第二次作为队长率领德国征战的世界杯比赛。2013年9月6日，世界杯预选赛德国对奥地利，主队以3比0取胜。这场比赛对拉姆来说有着特别的意义，这是拉姆第100次代表德国队出场。德国足协赛前在安联球场安排了一个简单的庆祝仪式，同时到场的还有巴拉克，这不但是拉姆的百场纪念仪式，同样也是巴拉克在德国队的告别仪式。德国队的两任队长在这样一个时刻，完成了历史性的传承：无论谁是德国队队长，德国队争夺世界大赛的决心都永远不会改变。

世界杯英雄——诺伊尔

卡恩、莱曼之后，谁来为德国队镇守球门？这个问题在恩克因为抑郁症突然自杀身亡之后，曾经困扰了人们很长时间。但诺伊尔横空出世，他用出色的表现向人们宣布，自己是卡恩合格的接班人，拜仁主帅瓜迪奥拉称赞诺伊尔是目前世界上最出色的门将。

诺伊尔1986年3月27日出生于盖尔森基兴，从小就开始为沙尔克04效力。不过他的偶像并不是卡恩，而是曾经在沙尔克04效力过的莱曼。2005年，诺伊尔与沙尔克04签订了职业合同，但直到2006—2007赛季，由于主力门将罗斯特的意外受伤，诺伊尔成为了沙尔克04的一号门将。罗斯特伤愈复出之后，却发现自己根本无法赢得与诺伊尔的较量，时任沙尔克04的主帅斯洛姆卡，也给予了诺伊尔极大的信任，这也迫使曾经入选过德国国家队的罗斯特选择了转会汉堡。这个赛季诺伊尔打了27场联赛，其中19场未丢球，他也被称为2006—2007赛季的德甲最佳门将。

于是在2007年8月底，罗斯特第一次被招入了德国国家队——作为莱曼、恩克和希尔德布兰之后的第四门将。但是金子总要发光的，在接下来的赛季中，诺伊尔打满了全部34场联赛，而在冠军联赛中，依靠着诺伊尔的神奇表演，沙尔克历史性的杀进了8强，只是在八进四的比赛中以两个0比1负于当时正如日中天的巴塞罗那。2009年5月19日，勒夫再次将诺伊尔招入国家队，开始了亚洲之行。同年6月2日，诺伊尔在对阿联酋国家队的比赛中完成了自己在国家队的处子秀。此后，诺伊尔作为德国U21国家队的主力参加了2009年U21欧洲杯的比赛，而这支德国队中还有胡梅尔斯、赫迪拉、厄齐尔、博阿滕和赫韦德斯这些大名鼎鼎的球员。德国队最终在决赛中以4比0横扫了英格兰队，诺伊尔入选最佳阵容，并创造了替U21国家队出场20场的纪录。

2009年恩克的意外过世，给了诺伊尔一个机会。一号门将的位置，实际上将是在诺伊尔和阿德勒之间产生。不过外界普遍认为，由于阿德勒的国际比赛经验更丰富，所以也许他更应该成为德国队的主力门将。但出人意料的是，阿德勒在2010年5月肋骨受伤也退出了国家队，所以诺伊尔不得不临危受命，他一度被认为是"德国战车"上最弱的一环。另外两名代表德国队出征南非的门将是维泽与布特。

在南非世界杯上，诺伊尔显示出了异乎寻常的稳定与成熟，整个小组赛阶段他仅仅丢了一球。在对阵英格兰的比赛中，他甚至为克洛泽助攻一球，帮助德国队以4比1取胜。赛后，德国队主帅勒夫称赞说："从这场比赛我们可以看到，诺伊尔决定比赛的能力，并不仅仅在他防守的时候。"诺伊尔打满了全部小组赛和淘汰赛的比赛，只是没有代表德国队参加第三名的争夺战，布特在这场比赛中获得了首发的资格。

2011—2012赛季的冠军联赛，转会拜仁的诺伊尔表现异常出色，在半决赛中他扑出了C罗和卡卡的点球，帮助拜仁打进了冠军联赛的决赛。赛后，诺伊尔说："我总是自己准备这种情况，我们的门将教练在他的笔记本上展示了C罗罚点球的习惯方式。我知道C罗喜欢踢左下角，于是做出了正确的决定。"在决赛中与切尔西的点球大战中，诺伊尔不但扑出了马塔主罚的点球，还霸气十足的亲自走上了罚球点并主罚点球命中，只可惜拜仁还是以总比分4比5告负。

诺伊尔代表德国队打满了全部2012年欧洲杯预选赛的比赛，德国队创纪录的取得10连胜的佳绩晋级。在四分之一决赛中德国队以4比2击败希腊队之后，德国队取得了14连胜的佳绩，这个时候的诺伊尔已经成为了德国队主力位置上的不二人选。在2012—2013赛季，诺伊尔也在拜仁收获了巨大的成功，他跟随拜仁慕尼黑夺得了包括联赛冠军、德甲冠军和德国杯冠军在内的三冠王。

在很多德国足球专家看来，年轻的诺伊尔不但是卡恩合格的接班人，而且有超越卡恩的潜质、与4年前几乎毫无准备的情况下去参加南非世界杯不同，诺伊尔这次是信心满满地去参加2014年巴西世界杯的比赛，这也是他要面临的新挑战。

十八、2014年巴西世界杯展望

　　巴西世界杯预选赛德国队与瑞典队、法罗群岛队、奥地利队、爱尔兰队和哈萨克斯坦队同组，10场小组赛下来，德国队的优势明显，9胜1平，进36球，只丢了10球。其中主场对瑞典队的那场平局颇有戏剧性：克洛泽在第8分钟和第15分钟梅开二度，默特萨克在第39分钟锦上添花，厄齐尔在第56分钟为德国队将比分改写为4比0。但4比0领先的结果显然让德国人有所松懈，瑞典人竟然在剩下的半小时左右的时间内，将比分扳成了4比4平。这场比赛也为德国队敲响了警钟——任何松懈，都可能对比赛的结果产生微妙的影响。

毫无疑问，勒夫将率领最强阵容征战2014年世界杯。那么，谁将入选最终的23人名单显然也是人们所关心的话题，勒夫的最强23人会怎样构成呢？

从门将位置来看，拜仁慕尼黑的主力门将诺伊尔毫无疑问将成为德国队的主力门将。诺伊尔是当今世界上最出色的门将之一，其主力位置不容动摇。二号门将可能会是汉堡的门将阿德勒。虽然受汉堡成绩的影响，但阿德勒毕竟是除了诺伊尔之外，国家队经验最丰富的门将，所以不管作为第二门将还是第三门将，德国队的巴西之行应该有阿德勒的一席之地。谁将占据第三个门将席位则很难预测。从理论上来讲，多特蒙德的魏登费勒、门兴格拉德巴赫的特尔斯特根、汉诺威的齐勒、弗赖堡的鲍曼乃至勒沃库森的莱诺都有机会。从近期的表现来看，特尔斯特根与魏登费勒则应该是最可能的人选。是选择经验丰富的魏登费勒，还是使用"未来的诺伊尔"特尔斯特根能提前感受大赛气氛，需要勒夫做出谨慎的抉择。

后卫人选，如果不出意外的话，拉姆与博阿滕一左一右应该是两个边后卫的最佳人选，施梅尔策和赫韦德斯或者扬森也有能力竞争边后卫的位置，但很难撼动之前两人的主力位置，施梅尔策在国家队无法展现出在多特蒙德视乎的神勇，而赫韦德斯则被勒夫定性为后防万金油的角色，至于扬森，则受制于汉堡糟糕的状态。除非博阿滕被安排到中后卫的位置上，否则拉姆与博阿滕的边后卫组合恐怕很难动摇。当然，边后卫的位置上也可能会出现奇兵，比如参加过2010年世界杯的奥戈，霍芬海姆近来状态不错的贝克，或者是法兰克福呼声极高的塞巴斯蒂安·容。

中后卫的位置上胡梅尔斯与默特萨克的搭档应该是勒夫的首选，但与施梅尔策一样，胡梅尔斯在国家队远远未能表现出在俱乐部时候的水准，甚至一度因此而被批评。到了世界杯这样的关键比赛，勒夫是否会依然选择相信胡梅尔斯，这确实不好讲。中后卫的位置应该说是目前这支联邦德国队的软肋，虽然韦斯特曼与沃尔沙伊德都能打这个位置，但前者状态太差，后者经验太少，都很对胡梅尔斯与默特萨克的组合形成冲击。勒夫倒是一直很欣赏巴德施图伯，但这名拜仁后卫这个赛季一直在养伤，已经远离战场好久，是否能在世界杯前恢复状态完全没有把握。

中场方面是德国队最强大的环节，如果勒夫不对"451"阵形做出调整的话，那么5名中场中最有可能被选中的4人是：施魏因斯泰格、赫迪拉（克罗斯）、左前卫许尔勒（波多尔斯基）、右前卫穆勒。中场剩下的一位置是前腰，该位置的竞争将空前激烈，厄齐尔、罗伊斯与格策都是这个位置上的顶尖球员。虽然厄齐尔是德国队的常规主力，但他相对随意的踢法很可能使得他在与罗伊斯和格策的竞争中反而不占优势。后腰位置上，赫迪拉的主力位置将受到冲击，除了克罗斯之外，本德兄弟以及京多安，都觊觎此位置很久了。当然，赫迪拉的优势也很明显，那就是他和施魏因斯泰格的组合，已经经过多次大赛考验了。

除了这些大名鼎鼎的球员之外，沙尔克04的小将德拉克斯勒、勒沃库森的萨姆、沙尔克的诺伊斯泰特和门兴格拉德巴赫的赫尔曼，都有实力跻身国家队。勒夫是一名相当善于发现和启用年轻人的主帅，因此不排除最终大名单公布的时候是否会带给人们惊喜。

锋线上克洛泽尽管已经36岁高龄，但状态颇佳，如果不出大的伤病，他将依然是前锋线上的头号人选。克洛泽完全有能力在巴西世界杯上继续改写自己的进球纪录。效力于佛罗伦萨的戈麦斯与门兴格拉德巴赫的克鲁泽恐怕很难改变做"板凳"的命运。至于媒体一直呼吁勒夫招进国家队的前锋基斯林，一方面始终无法融入国家队，另一方面与勒夫的矛盾从未缓解过。以勒夫的个性，招入这样的球员进国家队的可能性非常小。倒是近期在汉堡风生水起的拉索加有可能入选。

巴西世界杯小组赛德国队与美国队，葡萄牙队和加纳队同组。毫无疑问，德国队是这个小组出线最大的热门，但要想轻松杀出重围并非易事。德国队的头号对手应该是拥有C罗的葡萄牙队。虽然在这些年与葡萄牙队的多次交手中鲜有败绩，但像C罗那样的速度奇快的球员，向来对德国队的威胁都是相当大的，好在德国队对葡萄牙的比赛，经常到最后演变成了德国队对C罗的比赛，以德国队全队的合力来对付C罗，应该不会有太大的问题。

德国队与加纳队在上次世界杯就曾经分在一个小组，并携手出线。博阿滕兄弟的对决是最有意思的看点之一。论球队的综合实力，德国队在加纳队之上，但加纳队球员对抗能力强、柔韧性好、速度快，在上一届世界杯上就曾经给德国制造了很大的麻烦，德国队只是以1球小胜对手。此番两队再战，毫无疑问是德国队整体战术和加纳个人单兵作战能力的一次对抗。

勒夫率领的德国队与克林斯曼率领的美国队交锋，应该是本次世界杯的一大看点，抽签一结束，德国媒体就一通疯狂炒作。两队的交手，恰恰还被安排在小组赛最后一轮，这使得这场比赛很可能会出现两种情况：一种是德国队已经两战全胜成功晋级，美国队则必须战胜德国队才能出线；另一种是德国队与美国队二者只能取其一，一场你死我活的较量将在所难免。无论哪种局面出现，都是球迷喜闻乐见的。

从综合实力来看，德国队肯定是在美国队之上的，但美国人的身体素质出色，无论是如短跑运动员般的冲刺，还是如橄榄球运动员般的冲撞，都会给德国队带来不小的麻烦。况且德国队中的很多球员，克林斯曼都知根知底，美国队可以从容布阵。相比之下，德国队球员对美国队的了解则相对少一些，虽然齐根塔勒的团队肯定会给勒夫提供大量的情报，但情报再精确，也不可能做到如克林斯曼对德国队那样透彻的了解。人们普遍认为美国队是这个小组中最弱的球队。但事实上因为克林斯曼的存在，使得这场比赛产生了很大的变数，这场比赛也许会成为德国队小组赛中最不好打的比赛。不过有一点非常明确，面对带领德国队走出低谷的克林斯曼，德国队球员一定会拿出最佳的状态去面对这场较量。

附　录

表1　历届世界杯德国队成绩

年份	东道主	最后对手	排名	备注
1930	乌拉圭	—	—	未参赛
1934	意大利	奥地利	3	半决赛负于捷克斯洛伐克
1938	法国	瑞士	—	八分之一决赛被淘汰
1950	巴西	—	—	未参赛
1954	瑞士	匈牙利	1	伯尔尼奇迹
1958	瑞典	法国	4	半决赛负于瑞典
1962	智利	南斯拉夫	—	四分之一决赛负于南斯拉夫
1966	英格兰	英格兰	2	决赛负于英格兰
1970	墨西哥	乌拉圭	3	半决赛负于意大利
1974	联邦德国	荷兰	1	民主德国小组未出线
1978	阿根廷	第二轮	—	第二阶段小组赛第三名未能晋级
1982	西班牙	意大利	2	决赛负于意大利
1986	墨西哥	阿根廷	2	决赛负于阿根廷
1990	意大利	阿根廷	1	决赛击败阿根廷
1994	美国	保加利亚	—	四分之一决赛负于保加利亚
1998	法国	克罗地亚	—	四分之一决赛负于克罗地亚
2002	韩国、日本	巴西	2	决赛负于巴西
2006	德国	葡萄牙	3	半决赛负于意大利
2010	南非	乌拉圭	3	半决赛负于西班牙

表2　历届世界杯德国队主教练

主帅	执教年份	总战绩
内尔茨	1926—1936	70战42胜10平18负
赫尔贝格	1936—1942　1950—1964	167战94胜27平46负
舍恩	1964—1978	139战87胜31平21负
德瓦尔	1978—1984	67战44胜12平11负
贝肯鲍尔	1984—1990	66战34胜20平12负
福格茨	1990—1998	102战66胜24平12负
里贝克	1998—2000	24战10胜6平8负
沃勒尔	2000—2004	53战29胜11平13负
克林斯曼	2004—2006	34战20胜8平6负
勒夫	2006至今	102场比赛70胜17平15负

表3　德国队历任队长（不包括民主德国时期）

球员姓名	时期	担任队长次数
斯泽潘	1934—1939	30
简斯	1939—1942	31
弗里茨·瓦尔特	1951—1956	30
沙费尔	1957—1962	16
拉恩	1957—1959	8
埃尔哈特	1959—1962	18
席勒	1961—1970	40
奥弗拉特	1968—1971	14
贝肯鲍尔	1971—1977	50
福格茨	1977—1978	20
迪尔茨	1978—1981	19
鲁梅尼格	1981—1986	50

续上表

球员姓名	时期	担任队长次数
舒马赫	1984—1986	11
阿洛夫斯	1986—1987	7
马特乌斯	1987—1999	73
克林斯曼	1995—1998	36
比埃霍夫	1998—2001	22
卡恩	2000—2006	48
巴拉克	2004—2010	54
拉姆	2009—至今	42

表4　德国队世界杯射手榜

球员姓名	进球数
克洛泽、穆勒	14球
克林斯曼	11球
拉恩	10球
鲁梅尼格、席勒	9球
沃勒尔	8球
沙费尔	7球
哈勒、马特乌斯、摩洛克	6球
贝肯鲍尔、波多尔斯基、穆勒	5球

表5　德国队进球最多球员（不含民主德国球员）

排名	球员姓名	时期	进球数	参赛场次
1	穆勒	1966—1974	68	62
	克洛泽	2001—	68	131
3	克林斯曼	1987—1998	47	108
	沃勒尔	1982—1994	47	90
5	波多尔斯基	2004—	46	111
6	鲁梅尼格	1976—1986	45	95
7	席勒	1954—1970	43	72
8	巴拉克	1999—2010	42	98
9	比埃霍夫	1996—2002	37	70
10	弗里茨·瓦尔特	1940—1958	33	61

表6　世界杯总出场次数最多德国球员排名

球员姓名	出场次数
马特乌斯	5届世界杯25次出场
席勒	4届世界杯21次出场
奥弗拉特、鲁梅尼格、福格茨、克洛泽	3届世界杯19次出场
贝肯鲍尔、贝特霍尔德、利特巴尔斯基、迈耶	3届世界杯18次出场
克林斯曼、施内林格	各17次，施内林格参加了4届世界杯
布雷默	3届世界杯16次出场
沙费尔、沃勒尔	3届世界杯15次出场
布莱特纳、福斯特尔、哈斯勒、舒马赫、施奈德、施魏因斯泰格	各14次，其中哈斯勒参加了3届世界杯，其他人两届

表7　参加四届以上世界杯德国队球员

球员姓名	世界杯届次
马特乌斯	1982年、1986年、1990年、1994年、1998年
施内林格	1958年、1962年、1966年、1970年
席勒	1958年、1962年、1966年、1970年
迈耶	1966年*、1970年、1974年、1978年
卡恩	1994年*、1998年*、2002年、2006年

注：加★的是入选国家队但未出场比赛

图书在版编目（CIP）数据

世界杯冠军志之德国／体坛传媒编著. —成都：西南财经大学
出版社，2014.5
ISBN 978-7-5504-1360-3

Ⅰ.①世… Ⅱ.①体… Ⅲ.①足球运动—概况—德国
Ⅳ.①G843.951.6

中国版本图书馆CIP数据核字（2014）第058528号

世界杯冠军志之德国
体坛传媒　编著

责任编辑：张明星
助理编辑：涂洪波
特约编辑：王云强
封面设计：李尘工作室
责任印制：封俊川

出版发行	西南财经大学出版社（四川省成都市光华村街55号）
网　　址	http：//www.bookcj.com
电子邮件	bookcj@foxmail.com
邮政编码	610074
电　　话	028-87353785　87352368
印　　刷	北京合众协力印刷有限公司
成品尺寸	165mm×230mm
印　　张	19.25
彩　　插	20页
字　　数	215千字
版　　次	2014年5月第1版
印　　次	2014年5月第1次印刷
书　　号	ISBN 978-7-5504-1360-3
定　　价	40.00元

2006年3月15日，国际足联代表马科恩女士宣布《体坛周报》成为国际足联中国地区官方合作媒体。

巴西球王贝利展示刊有自己报道的《足球周刊》。

2012年欧洲杯决赛夺冠后，西班牙队主帅博斯克拿着《体坛周报》欧洲杯期间的头版作秀。

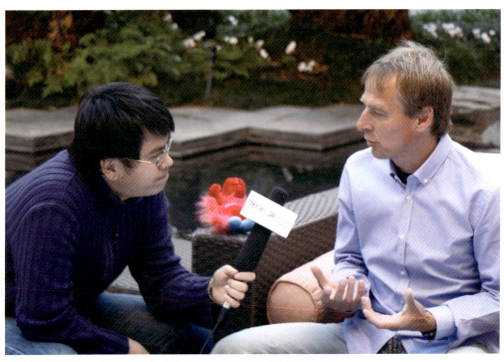

2006年世界杯前，《体坛周报》记者张力采访德国国家队主教练克林斯曼。

《体坛周报》记者滨岩为梅西颁发金靴奖。

前法国著名球员，欧足联主席普拉蒂尼。

米卢蒂诺维奇与《体坛周报》世界杯出线号外特刊合影。

德国队队员凯尔与本书作者合影。